Annette Wallentin/Malte Schophaus

Pate stehen

Annette Wallentin · Malte Schophaus

Pate stehen

Eine besondere Beziehung gestalten

KREUZ

MIX
Papier aus verantwortungsvollen Quellen
FSC® C083411
www.fsc.org

Überarbeitete Neuausgabe
Titel der Originalausgabe: Pate stehen. Patenschaften neu gestalten

www.kreuz-verlag.de

Umschlaggestaltung: agentur IDee
Umschlagmotiv: © shutterstock

Satz: de·te·pe, Aalen
Herstellung: CPI books GmbH, Leck

Printed in Germany

ISBN 978-3-451-61313-5

Inhalt

Einleitung

Befragen Sie die Generation Ihrer Eltern oder Großeltern danach, was ein Pate sei, bekommen Sie mit recht großer Sicherheit diese Antwort: Ein Pate begleitet die christliche Erziehung eines Kindes von der Taufe bis zu dessen Konfirmation oder Firmung und ist für das Kind da, wenn den Eltern etwas zustößt. Geben Sie dagegen heute den Begriff »Pate« in eine Suchmaschine im Internet ein, so finden Sie zunächst ganz andere Vorstellungen von Patenschaft, nämlich eher die Patenschaft im Sinn der finanziellen Unterstützung durch Spenden.

Um Pate zu werden, muss man heute keine Familie mehr haben. Eine Patenschaft für Kinder kann man auf allen Kontinenten übernehmen. Oder man wird Pate für Erwachsene: etwa für Kaffeebauern in Südamerika oder für die Bibliothek eines Gefängnisses. Es ist nicht mehr unüblich, Patentante für ein Tigerbaby im Zoo zu werden oder Patenonkel für Robbenbabys im Nordpazifik. Die Patenschaft funktioniert dann über eine regelmäßige Geldspende an die entsprechende Vermittlungsorganisation.

Der Begriff der Patenschaft befindet sich offensichtlich im Wandel. Er beschreibt heute ganz allgemein eine unterstützende und fördernde Beziehung. Sein einst klarer Bezug zu einem wichtigen Ehrenamt der christlichen Kirchen ist nur eine mögliche Assoziation. Nicht ohne Grund, denn dieses christliche Ehrenamt der Taufpatin oder des Taufpaten ist nicht mehr so gegenwärtig, wie es früher einmal war. Aber immer noch stellen sich die meisten Eltern im christlichen Kulturkreis die Frage, ob sie ihr Kind taufen lassen und ob sie Taufpaten für ihr Kind auswählen wollen.

Die Statistiken zeigen: Immer mehr Menschen entscheiden sich heute dagegen. Die zunehmende Distanz zu den Kirchen wirkt sich auch in sinkenden Zahlen von Taufen aus. In der Folge wählen auch immer weniger Eltern eine Patentante oder einen Patenonkel für ihr Kind aus. Zurück bleibt eine unerfüllte vage Sehnsucht nach Sinnstiftung und nach einem Leben in einer Gemeinschaft, die größer als die unmittelbare Kleinfamilie ist. Auch die Menschen, die sich gegen die Kindertaufe entscheiden – weil sie aus der Kirche ausgetreten sind oder ihre Kinder später selbst über die Taufe entscheiden lassen wollen –, wünschen sich oft dennoch ein angemessen feierliches Ritual, mit dem sie das Kind willkommen heißen und in die Gemeinschaft der Familie und des Freundeskreises aufnehmen können. Auf der Suche nach Alternativen zur Taufe stellen sie oft frustriert fest, dass es solche Modelle noch nicht so recht gibt. Letztlich wird dann doch eine Taufe gefeiert, die aber sinnentleert bleiben muss, weil an die Inhalte und Formen des christlichen Sakraments nicht mit innerer Überzeugung geglaubt wird. Oder die Feier findet ganz ohne Besonderheiten in Form eines schlichten Familienkaffeetrinkens statt oder fällt gar ganz aus.

Die Suche nach einem guten Ersatz für die Institution der Patentante oder des Patenonkels gestaltet sich nicht weniger schwierig: Sicher gibt es da die Freundin der Mutter, die sich anbietet, gelegentlich auf das Kind aufzupassen. Und sicher wird die Familie öfter einmal etwas mit der Familie des Bruders des Vaters unternehmen, weil dessen Kinder im selben Alter wie das eigene Kind sind. Aber ohne den Rückgriff auf die Institution des christlichen Patenamtes fällt es schwer, diese Verbindlichkeit und Intensität der Beziehungen herzustellen: Die gute Freundin hat nicht dieselbe herausgehobene Rolle wie eine Patentante. Und es ist »nur« ein Onkel und nicht der »Paten«onkel. Auch die genaue Funktion und die Aufgaben der ersehnten weiteren erwachsenen Bezugsperson für das Kind bleiben häufig im Unklaren.

Eltern, Freunde und Familie nehmen diese Entwicklung als kulturelle Verarmung wahr. Und die zieht Weiteres nach sich: Die Aufnahme in die christliche Gemeinschaft entfällt – meist ohne durch eine andere Gemeinschaft ersetzt zu werden. Auch familiäre Bindungen werden loser, wenn die klassischen großen Familienfeiern wie Taufe oder Konfirmation mehr und mehr wegfallen. Und schließlich: Kinder wachsen ohne Paten auf. Damit fällt eine soziale Bindung weg, die doch reichhaltiges Potenzial für Kind, Familie und Freundschaften birgt.

Dieses Buch betrachtet diese Entwicklung. Es bleibt jedoch nicht bei der übellaunigen Beschreibung eines gegenwärtigen Bedeutungsverlustes des christlichen Taufpatenamtes stehen. Ganz im Gegenteil: Wir möchten mit diesem Buch auf die großen Vorteile und Chancen hinweisen, die

die soziale Rolle der Patentante oder des Patenonkels beinhaltet – für die Paten selbst ebenso wie natürlich für die Patenkinder, aber auch für deren Eltern. Das Buch stellt die Entwicklung und die Aufgaben des christlichen Taufpatenamtes dar und gibt Anregungen, wie dieses heute belebt oder darüber hinaus auch neue, weltliche Formen der Patenschaft gesucht und gefunden werden können. Dabei folgen wir keinem Dogma – selbstverständlich ist auch ein Leben ganz ohne Paten möglich. Aber wir meinen, mit einer kreativen, selbstgestalteten Patenschaft lebt es sich einfach besser.

Das Buch richtet sich zum einen an frischgebackene Patentanten und Patenonkel, die sich in ihre neue Rolle einfinden wollen. Auch Patinnen und Paten, die bereits ein paar Jahre Erfahrung in ihrem Amt gesammelt haben, können sich in unserem Buch neue Denkanstöße und Anregungen holen. Zum anderen wendet sich das Buch aber auch an Eltern, die sich überlegen, ob und wie sie Paten für ihr Kind einsetzen wollen. Es wendet sich einerseits an Taufpaten im christlichen Sinn, die sich über Aufgabe und Gehalt ihres kirchlichen Amtes neu Gedanken machen wollen. Andererseits wendet sich das Buch an Menschen, die an einer Form einer alternativen, weltlichen Patenschaft interessiert sind.

Im ersten Kapitel beschreiben wir das Patenamt als eine Tradition im Wandel. Das zweite Kapitel beleuchtet die historische Entwicklung und die heutige Bedeutung des Taufpatenamtes in der christlichen Kirche. Darüber hinaus gibt es einen Überblick über patenähnliche Funktionen in anderen Religionen und in weltlichen Traditionen. Im dritten Kapitel nähern wir uns den Aufgaben und Funktionen der Paten aus drei unterschiedlichen Perspektiven: einmal aus Sicht der Paten selbst, zum zweiten aus Sicht der Eltern, die Paten auswählen, und zuletzt aus der Perspektive der Patenkinder. Das vierte Kapitel schließlich gibt praktische Anregungen, wie eine Beziehung zwischen Patenkind und Pate im Alltag lebendig gestaltet werden kann. Im abschließenden Kapitel geben wir einen kurzen Ausblick über die Zukunft der Patenschaft.

Neben umfangreichen Literaturstudien entstand das Buch besonders auch mithilfe vieler Gespräche und Begegnungen mit Patentanten und Patenonkeln, Patenkindern und mit Eltern, die Paten für ihr Kind auswählen. Allen unseren Gesprächspartnerinnen und Gesprächspartnern sagen wir an dieser Stelle noch einmal unseren herzlichen Dank. Besonderer Dank gilt Svenja Schophaus und Britta Köppen, deren gute Gedanken zu Patenschaften in dieses Buch eingeflossen sind.

Und nun wünschen wir Ihnen viel Spaß beim Lesen!

1

Patenschaft im Wandel

Was ist ein Taufpate?

Der Begriff »Pate« kommt vom lateinischen »patrinus« und bedeutet »Mit-Vater«. Das entspricht dem altdeutschen Wort »Gevatter«. Der englische Begriff verweist auf die religiöse Bindung des Wortes Pate: »Godfather« heißt übersetzt etwa »Gottvater«, gemeint ist also nicht der biologische, sondern ein von Gott eingesetzter Vater.

Unter Paten wurden ursprünglich ausschließlich Taufpaten verstanden. Die Taufpatenschaft ist ein Ehrenamt der christlichen Kirchen. Die Paten begleiten den Täufling bei der Taufe und bezeugen die Sakramentenspendung. Das Patenamt entstand gleichzeitig mit der Kindertaufe: Gemeinsam mit den Eltern und stellvertretend für den Täufling, der selbst zum Zeitpunkt der Taufe meist noch nicht sprechen kann, spricht der Taufpate das Glaubensbekenntnis. Den Ursprüngen der Taufe zufolge, die zunächst eine Erwachsenentaufe war, war keine Taufpatenschaft im heutigen Sinn vorgesehen. Entsprechend taucht die Patenschaft auch in der Bibel nicht auf.

Der Pate oder die Patin verpflichten sich, ihr Patenkind auf dem Lebens- und Glaubensweg zu begleiten. Die Taufpaten unterstützen die Eltern bei der religiösen Erziehung des Kindes. Früher hatten die Taufpaten im Todesfall der Eltern sogar eine Fürsorgepflicht für das Kind. Auch heute verstehen es Paten in der Regel als ihre Aufgabe, im Notfall für das Wohlergehen ihres Patenkindes Sorge zu tragen. Was darüber hinaus die Aufgaben einer Patentante oder eines Patenonkels sein könnten, lässt manchen Anwärter auf ein Patenamt ratlos zurück. Für viele ist das Patenamt nur noch ein weitgehend sinnentleerter Brauch. Einige übernehmen nur eine Patenschaft, um einem Freund oder Verwandten einen Gefallen zu tun. Der Kontakt zum Patenkind beschränkt sich dann im besten Fall auf großzügige Geschenke zu den Geburtstagen. Das ist freilich schade, denn eine Patenschaft kann etwas ganz Besonderes sein.

Was macht das Besondere der Paten aus?

Seine einstige formale Funktion hat der Pate längst verloren. Ursprünglich waren Paten vor allem Taufzeugen. Als es noch keine Kirchenbücher gab, konnten nur die Paten bezeugen, dass ein Mensch tatsächlich getauft worden war. Diese Rolle als Zeugen der Taufe ist heute nicht mehr erforderlich, da Kirchenverwaltungen die Taufen registrieren.

Dennoch haben viele Menschen auch heute noch einen oder mehrere Paten. Was macht also den Reiz der Patenschaft aus? Was ist das Besondere daran?

Zwischen Familie und Freundschaft

Eine Idee dazu bekommen wir aus der Unterhaltungsliteratur. Vielleicht erinnern Sie sich an das Buch »Der Pate« von Mario Puzo, das Anfang der 1970er-Jahre die Bestsellerlisten eroberte und später verfilmt wurde. In diesem Kriminalroman, der im amerikanischen Mafiamilieu spielt, ist der titelgebende »Pate« zweierlei: zum einen ein mächtiger Mafiaboss, zum anderen aber tatsächlich auch der Taufpate eines seiner Mafiamitglieder. Dieser Patensohn denkt im Buch wie folgt über »den Paten« nach:

»Er würde nach New York zurückkehren, zu dem Einzigen, der die Macht besaß, die Weisheit, die Johnny jetzt brauchte, und die Liebe, an die er immer noch glaubte. Sein Pate Don Corleone.«

Was hier romantisierend auf die Spitze getrieben ist, beschreibt doch eine generelle Sehnsucht vieler Menschen, die »Der Pate« hier verkörpert: der Wille zum Helfen - die Liebe; die Verlässlichkeit des Helfens - die Treue; und die Möglichkeit zu helfen - die Weisheit und Macht. Wer wünscht sich nicht eine solche Begleitung an seiner Seite?

Eben diese Eigenschaften werden auch den Eltern des Patenkindes zugeschrieben. Dennoch unterscheidet sich die Beziehung des Paten zu seinem Patenkind von der elterlichen Liebe. Die Beziehung zwischen Eltern und Kind wird durch die Geburt des Kindes gestiftet. Auch bei größten Zerwürfnissen bleibt diese Verbindung in der Regel in irgendeiner Form bestehen. Anders funktionieren Beziehungen unter Freunden. Diese können selbst ausgewählt und das Ausmaß der Nähe bewusst gestaltet werden. Das Besondere an der Patenschaft liegt vielleicht gerade in seiner Mittelstellung zwischen familiären und freundschaftlichen Banden - was der alte Begriff des »Mit-Vaters« (wir ergänzen die »Mit-Mutter«) schön zum Ausdruck bringt. Die Paten sind nicht Teil der unmittelbaren Kleinfamilie. Sie sind aber auch nicht gewöhnliche Freunde der Familie. Die Patenschaft kann dabei eine wertvolle Beziehung sein, die Qualitäten von Familie und Freundschaft in sich vereint. Sie beinhaltet durchaus eine große Verbindlichkeit, da Paten mit ihren Patenkindern eine exklusive, einzigartige Beziehung teilen, die sie von Beziehungen zu vielen anderen Freunden oder Familienmitgliedern der Eltern unterscheiden. Im Vergleich zum Zusammenleben mit den Eltern beinhaltet die Beziehung zwischen Paten und Patenkindern aber dennoch eine gewisse Distanz und lässt mehr Wahlmöglichkeiten offen. Sowohl Pate als auch Patenkind können sich jederzeit neu entscheiden, wie eng und in welcher Form sie ihre Beziehung gestalten wollen oder ob sie sie irgendwann beenden möchten.

Paten als Freunde fürs Leben

Die Geburt des ersten Kindes bringt zahlreiche Veränderungen in das Leben seiner Eltern. Da ist ein neues Rollenverständnis als Vater oder Mutter zu erlernen, es gilt, die Beziehung zwischen dem Paar neu zu definieren, und überhaupt sehen sich die jungen Eltern vor praktische Probleme gestellt, von deren schierer Existenz sie zuvor nicht einmal wussten.

Doch damit nicht genug. Oft stehen gleichzeitig zur Geburt der Kinder noch weitere Veränderungen an. Der Arbeitsmarkt fordert besonders von Berufsanfängern (was junge Eltern häufig sind) ein Höchstmaß an Flexibilität. Zunehmend werden Arbeitsverträge nur noch befristet auf ein bis zwei Jahre geschlossen. Immer wieder ist also die Suche nach dem nächsten Job aktuell – gerade, wenn es gilt, nun eine kleine Familie zu ernähren. Oft genug finden sich in der eigenen Stadt oder Region nicht die passenden Arbeitsmöglichkeiten. Dann ist mit dem Stellenwechsel auch ein Ortswechsel angesagt. Wenn dies nicht bereits zu Beginn der Ausbildungsphase geschehen ist, entfernt man sich von der Ursprungsfamilie mit den Großeltern, Tanten und Onkeln des Kindes. Familientreffen sind nun keine alltägliche Selbstverständlichkeit mehr. Man trifft sich nur mehr zu besonderen Anlässen wie Geburtstagen und Weihnachten. Auch die alten Freunde und Freundinnen aus Schul- und Ausbildungszeit haben sich in alle Winde zerstreut. Neue Freundschaften können an den neuen Arbeitsorten zwar immer wieder geschlossen werden. Bis diese jedoch die Qualität langjähriger sozialer Beziehungen erreicht haben, vergeht eine Weile. Oft bleiben die neuen Kontakte Provisorien, »Freunde auf Zeit«, denn der nächste Stellen- und damit Ortswechsel ist nicht weit. Familiäre und freundschaftliche Beziehungen verlieren so ihre Regelmäßigkeit und Intensität. Das enge Sozialleben wird auf die unmittelbare Kernfamilie reduziert, was gleichzeitig als Defizit empfunden wird. Die Sehnsucht nach verbindlichen Freundschaften, die weitere Stellen-, Orts- und Lebensphasenwechsel unbeschadet überstehen, ist groß.

Vor diesem Hintergrund kann eine Neubesinnung auf das traditionelle Patenamt und seine Erweiterung um neue Aufgaben, Inhalte und Funktionen – mit oder auch ohne den christlichen Bezugsrahmen – eine Chance sein. Die Einsetzung einer Patentante oder eines Patenonkels trägt dazu bei, die wichtigen Lebensphasen des Kinderaufziehens bewusster und feierlicher zu gestalten. Mit der Patentante oder dem Patenonkel gewinnt die Kernfamilie – Patenkind wie Eltern – zudem eine verbindliche und langfristige zusätzliche Bezugsperson.

Paten als Mentoren

Die Patenschaft hat einen weiteren wichtigen Aspekt der Begleitung: Patin oder Pate werden als Mentoren des Patenkindes gesehen. Der Begriff »Mentor« geht zurück auf eine Person aus den griechischen Sagen. In Homers »Odyssee« wird beschrieben, wie Odysseus nach Troja zieht. Vor seiner Reise bittet er seinen Freund Mentor, sich um seine Familie zu kümmern. Mentor nimmt sich vor allem Odysseus' Sohn, Telemachos, an und ist ihm nicht nur väterlicher Freund, sondern auch Ratgeber und Lehrer.

In neuerer Zeit ist der Begriff des »Mentoring« vor allem zur Beschreibung einer »beruflichen Patenschaft« übernommen worden. Hier werden Berufseinsteiger von erfahrenen Kollegen oder Vorgesetzten beraten, um ihnen den Eintritt ins Berufsleben zu erleichtern. Der Mentor oder die Mentorin geben Erfahrungen und Wissen an ihre Schützlinge weiter, die nicht aus dem Lehrbuch gelernt werden können. Es handelt sich zum einen um Fachwissen, aber ebenso auch um Lebenserfahrungen aus dem eigenen Berufsleben, die in einer Ausbildung nur schwer vermittelt werden können.

Patentante oder Patenonkel sind ganzheitliche, alle Lebensbereiche umfassende Mentorinnen und Mentoren. Wenn das nicht etwas ganz Besonderes ist! Eltern nutzen diese Mentorenfunktion des Paten oder der Patin auch dazu, ihrem Kind Lebensweisen und Perspektiven zu erschließen, die sich von ihren eigenen unterscheiden. Durch die Paten erhält das Kind so neue und andere Impulse als im Alltag zu Hause bei den Eltern.

Patenschaft als Ritual – Von der Tradition zur Selbstgestaltung

Die Geschichte der Menschheit könnte auch als Geschichte von Ritualen erzählt werden. Zu allen Zeiten haben die Menschen ihre spezifischen Bräuche und Traditionen entwickelt, um so ihr Zusammenleben zu ordnen. Rituale sind unter anderem eingeführt worden, um Lebensübergänge zu kennzeichnen und zu feiern. Zu diesen Übergängen zählen die Geburt, die Taufe als Aufnahme in die christliche Glaubensgemeinschaft und die Konfirmation oder Firmung als Bestätigung beziehungsweise Vollendung der Taufe. Später folgt der Eintritt in das Erwachsenenalter, das Feiern der runden Geburtstage, die Hochzeit als öffentliche Bestätigung der Liebe und Bindung zwischen zwei Menschen und zuletzt der Tod mit den unterschiedlichen Beerdigungs- und Trauerritualen.

Für viele erscheinen diese Rituale als »vom Himmel gefallene« Traditionen, die so sind, wie sie uns von Großeltern und Eltern überliefert wurden. Und doch sind Rituale nichts Unveränderliches, Feststehendes und Endgültiges. Stattdessen wandeln sie sich entsprechend der Lebensweise, der Weltsicht und des Glaubens einer Generation. Rituale sind derzeit in einem gravierenden Umbruch begriffen. Das ist vor allem durch die Säkularisierung der Gesellschaft zu erklären: Die Zahl der Menschen, die sich zu einem Glauben, vor allem zum christlichen, bekennen, nimmt ab. Selbst Menschen, die sich weiterhin an die christliche Gemeinschaft gebunden sehen, haben oft einen veränderten Blick auf ihren Glauben und sehen ihn weniger an die formale Mitgliedschaft in einer Kirche gebunden. Das hat zur Folge, dass viele Menschen heute verunsichert sind, weil christliche Rituale wie die Hochzeit, die Taufe und mit ihr die Übernahme von Patenschaften nicht mehr selbstverständlich sind. Gleichzeitig eröffnen sich uns Möglichkeiten, diesen Wandel der Rituale und Traditionen aktiv zu gestalten, indem wir das Feiern wichtiger Lebensabschnitte überdenken, überkommene Formen mit aktuellen Inhalten füllen oder gar ganz neu erfinden.

Der Wandel der Kirchen

Die Patenschaft ist ein Teil des kirchlichen Taufrituals, das seit Beginn des Christentums tief in der westlichen Kultur verwurzelt ist. Auch diese Traditionen und Rituale befinden sich derzeit im Wandel. In den Blick gerät dabei zunächst vor allem die zunehmende Distanz zu den christlichen Kirchen allgemein und damit auch zu den traditionellen kirchlichen Ritualen. Eine Meinungsumfrage unter Kirchenmitgliedern diesbezüglich ergab, dass nur noch acht Prozent der Katholiken und fünf Prozent der Protestanten an den Belangen der Kirche »sehr interessiert« sind. Auch wenn man die Gruppe der »ziemlich Interessierten« hinzunimmt, handelt es sich selbst in der katholischen Kirche gerade um ein Drittel der Mitglieder. Neben dem Interesse mangelt es auch an einem Gefühl der Verbundenheit der Kirchenmitglieder mit ihren Kirchen. In einer im Jahr 2014 veröffentlichten Befragung der Evangelischen Kirche Deutschland antworten 57 Prozent der Mitglieder, dass sie sich gar nicht, kaum oder nur etwas mit der Kirche verbunden fühlen.

Das mangelnde Interesse kann zum Teil dadurch erklärt werden, dass die Kirchenmitglieder wichtige kirchliche Lehren offenbar nicht mehr für zeitgemäß halten und sie nicht teilen. Dafür sprechen zumindest die Ergebnisse einer weltweit unter Katholiken durchgeführten Befragung zu den Themen Moral und Sexualität, die 2013 von Papst Franziskus in Auftrag gegeben wurde. Die Ergebnisse zeigen, dass die große Mehrheit der deutschen Katholiken grundlegende Lehren für weltfremd halten: Sex vor der Ehe halten die Befragten für normal, Verhütungsmittel werden ohne schlechtes Gewissen benutzt, geschiedene Ehepartner erwarten Unterstützung statt Strafe, und der Sinn des Zölibats wird infrage gestellt.

Die gefühlte Distanz der Kirchenmitglieder zur Institution Kirche lässt auch die Entscheidung für oder gegen die Taufe ihrer Kinder nicht unberührt. Entsprechend sind die Anzahl der evangelischen und katholischen Taufen in Deutschland seit 1990 um mehr als ein Drittel zurückgegangen.

Immerhin: Knapp zwei Drittel aller in Deutschland geborenen Kinder werden heute noch getauft. Ein nicht geringer Teil dieser Taufgemeinden setzt sich allerdings aus der großen Gruppe der sogenannten »Feiertagschristen« zusammen. Für sie gehört die Taufe zur Geburt eines Kindes »eben dazu« – ähnlich wie der einmalige Kirchgang im Jahr zu Weihnachten »dazugehört«, ohne dass damit eine tiefe und alltäglich gelebte Gläubigkeit einhergeht. Können die Inhalte der Taufhandlung selbst im verbindlichen Vorgespräch mit dem Pfarrer noch vermittelt werden, so sehen viele Taufpaten ihre Aufgaben als Patentante oder Patenonkel bereits unmittelbar nach der Taufe als erfüllt an. Im besten Fall folgen in einiger Regelmäßigkeit noch Päckchen zum Geburtstag des Patenkindes. Da diese Menschen ihren eigenen christlichen Glauben im Alltag kaum oder gar nicht mehr leben, herrscht von Beginn an Ratlosigkeit, was das Patenamt bedeuten und wie es sinnstiftend gefüllt werden kann. Als Folge werden viele Patenschaften nie richtig vollzogen, eine besondere Beziehung zum Patenkind kommt nicht zustande, die Patin oder der Pate existiert faktisch nicht.

Es gibt also immer mehr ratlose und unengagierte Patenonkel und -tanten, dazu immer weniger Menschen, die sich für die Taufe ihres Kindes entscheiden: Haben sich Taufe und Patenamt heute überlebt?

Das ist keineswegs der Fall. Der Bedarf nach Ritualen besteht zweifellos weiter.

Die Sehnsucht nach neuen Ritualen

Die Taufe und das Patenamt haben sich nicht überlebt. Denn fragt man dieselben Menschen nach ihren Wünschen, so kommt ein vielschichtigeres Bild zustande: Trotz der Vorbehalte gegen die Taufe und die Kirchen generell kann von einem allgemeinen Desinteresse an Religion nicht die Rede sein. Immerhin 43 Prozent der Bevölkerung bezeichnen sich als »religiös«, wenn man sie nach Religiosität unabhängig von der Einstellung zur Kirche befragt. Entsprechend kann auch nicht von Gleichgültigkeit gegenüber Übergangsritualen die Rede sein. Viele der Eltern, die ihre Kinder nicht mehr taufen lassen, entscheiden sich bewusst für diesen Schritt und denken sehr wohl über Alternativen nach. Der Wandel, der beobachtet werden kann, ist also nicht durch einen Wegfall der religiösen Einstellungen gekennzeichnet, sondern durch die Verschiebung weg von den institutionalisierten Kirchen und hin zu individuellen Weltinterpretationen beziehungsweise individuelleren Formen des Glaubens.

Wenn ein Kind geboren wird, besteht weiterhin der Wunsch nach einem Willkommensritual. Dieses soll zwar für einen Teil der Eltern keine klassische Taufe mehr sein, aber auch nicht nur ein gewöhnliches Zusammentreffen von Familie und Freunden. Die Eltern wünschen sich etwas Besonderes, um die Geburt ihres Kindes angemessen zu begehen. Die Gestaltung dieses »Willkommens«- oder »Namens«-Festes entpuppt sich oft als schwieriger als angenommen. Die Eltern berichten vor allem von folgenden Problemen: Die Erwartungen der Familie und der Freunde sind häufig sehr klassisch; alle gehen von einer Taufe aus. Wenn dann nur zu einem gewöhnlichen Kaffeetrinken eingeladen wird, wird das als nicht so wichtig erachtet. Freunde und Familie, die weiter weg wohnen, reisen nur zu den »großen Anlässen« – wie eben der Taufe – an. Sich diesen Erwartungen zu widersetzen erfordert oft ein gewisses Selbstbewusstsein, mit dem man den »neuen Weg« vor der Familie vertreten muss.

Die Schwierigkeit dabei ist, dass es kaum Modelle alternativer Rituale zur Taufe und damit zum Taufpatenamt gibt. Rituale sind noch nicht kommerzialisiert und können nicht einfach als Dienstleistung eingekauft werden. Natürlich macht gerade die Tatsache, dass es keine Rituale »von der Stange« gibt, sie zu etwas Besonderem. Sie sind über lange Zeiträume entstanden und sind den meisten Menschen in einem Kulturkreis in gleicher Weise vertraut. Sie müssen weder erläutert noch gerechtfertigt werden. Diese Vorteile treffen die »Taufverweigerer« als Nachteil: Wenn sich nun eine Familie gegen eine Taufe und somit gegen die Auswahl von Taufpaten entscheidet, fehlt es an vertrauten Alternativen.

Was heißt das nun für die Suche nach Alternativen zum herkömmlichen Benennen von Taufpaten? Was ergibt sich daraus für die Neugestaltung auch des christlichen Taufpatenamtes und der Suche nach Möglichkeiten, die Patenschaft lebendiger als bisher zu gestalten? Schnell stellt sich heraus, dass es dafür keine einfache und schnelle Lösung gibt. Die Patenschaft ist heute im Wandel begriffen – nehmen wir diesen Wandel selbst in die Hand!

2

Die Geschichte der Patenschaft

Patenschaft verändert sich: Ein historischer Überblick

Die Geschichte der Taufpaten hängt eng zusammen mit der Geschichte der christlichen Taufe. Zu Beginn der Tauftradition in der Kirche wurden vorrangig Erwachsene getauft. Etwa ab dem zweiten Jahrhundert nach Christus werden in kirchengeschichtlichen Aufzeichnungen auch Taufpaten genannt. Wer sich damals taufen lassen wollte, meldete sich im ersten Schritt zur Taufe an. Der Taufpate bezeugte bei der Anmeldung die ernste Absicht des Täuflings, Mitglied der christlichen Glaubensgemeinde zu werden. Meist war es sogar eben dieser Taufpate, durch den der Taufanwärter zum christlichen Glauben gefunden hatte. Im zweiten Schritt durchlief der Täufling dann noch vor der Taufe das sogenannte Katechumenat, eine Art Religionsunterricht zur Vorbereitung auf das Leben als Christ. Auch dabei unterstützte der Taufpate den Täufling, indem er ihn mit seiner eigenen christlichen Gemeinde vertraut machte und ihn noch näher an den Glauben heranführte.

Während der eigentlichen Taufe war der Taufpate schließlich als Zeuge anwesend.

Ab dem Jahr 200 n. Chr. erwähnte der frühe Kirchenhistoriker Tertullian Taufpaten bei der Taufe von Kindern. Auch hier war der Taufpate Zeuge der Taufe. Während des Taufaktes beantwortete er die Tauffragen (die zuvor den erwachsenen Täuflingen gestellt wurden) anstelle des Kindes. Wiederum kam dem Paten die wichtige Funktion zu, den Täufling in seiner christlichen Entwicklung zu fördern. Allerdings geschah die Heranführung an den Glauben nun nicht mehr vor der Taufe, wie dies bei der Erwachsenentaufe der Fall war (und heute noch ist). Mit der Kindstaufe wird die religiöse Erziehung durch den Taufpaten zu einer Aufgabe, die Paten und Patenkind viele Jahre lang verbindet.

Das Patenamt erfuhr ab dem sechsten Jahrhundert eine weitere Aufwertung: Taufpaten wurden in eigenen Patenexamina auf ihre Eignung als Taufpaten hin geprüft. Sie galten als enge »geistliche Verwandte« des Patenkindes.

Die Reformation des 16. Jahrhunderts brach mit nicht wenigen Einrichtungen und Bräuchen der katholischen Kirche. Das Patenamt wurde aber von den Gründern der protestantischen Kirche ohne Änderungen übernommen. Bis heute ist das Patenamt eine Einrichtung, die von Katholiken und Protestanten gleichermaßen praktiziert wird.

Im 18. und 19. Jahrhundert gewann das christliche Amt der Taufpaten zum ersten Mal weltliche Züge: Neben seiner religiösen Bedeutung wählten nun vor allem das Bürgertum und der Adel die Taufpaten seiner Kinder immer häufiger auch nach strategischen Gesichtspunkten aus.

Der ideale Taufpate war jetzt nicht mehr nur gottesfürchtig und von untadeligem Lebenswandel, sondern auch möglichst wohlhabend und bedeutend. Über die Verleihung von Taufpatenämtern wurden so gesellschaftliche Netzwerke geknüpft, die dem Patenkind (in Form von Geschenken, Verbindungen und einem eventuellen Erbe), aber auch seinen Eltern von Nutzen sein sollten. Während bislang meist nahe Verwandte zu Taufpaten berufen wurden, waren nun vermehrt auch Bekannte oder Geschäftsfreunde dafür von Interesse. Dem Adel war es dabei alleine vorbehalten, mehr als zwei Taufpaten für ein Kind zu bestimmen. Allen anderen waren kirchenrechtlich maximal zwei Taufpaten gestattet. Die ländliche Bevölkerung griff in der Wahl der Taufpaten weiterhin meist auf die Großeltern, Tanten oder Onkel der Kinder zurück. Auch hier spielten neben der christlichen Bedeutung des Patenamtes zunehmend weltlichere Motive eine Rolle: Der eigenen Familie wurde am ehesten zugetraut, im Notfall die Fürsorgepflicht für das Kind zu übernehmen. Heute wählen Eltern mehr und mehr auch ihre eigenen Freunde und Freundinnen zur Patentante oder zum Patenonkel und bekräftigen so ihren Wunsch, mit diesen Freunden in besonders enger Verbindung zu bleiben.

Der Trend zur Verweltlichung des Patenamtes verstärkt sich in der Gegenwart auf zweierlei Weise: Zum einen ist den Menschen heute zwar durchaus bewusst, dass die Einsetzung der Patentante oder des Patenonkels in Verbindung mit der christlichen Taufe steht und das Patenamt daher ein kirchliches Amt darstellt. In der alltäglichen Praxis gerät die vormals zentrale Aufgabe der Paten, nämlich bei der christlichen Erziehung des Patenkindes mitzuwirken, jedoch immer mehr in den Hintergrund. An ihre Stelle traten im Lauf der letzten Jahrzehnte populäre Verständnisse über die Aufgaben eines Patenonkels oder einer Patentante: Die Paten sorgen für das Patenkind, wenn den Eltern etwas zustoßen sollte. Und: Die Paten sind auf dem Geburtstagstisch und unter dem Weihnachtsbaum ihres Patenkindes mit aufwendigen Geschenken vertreten.

Eine zweite Form der Verweltlichung des Patenamtes ist zu beobachten: Vermehrt werden Paten auch für Kinder benannt, die nicht christlich getauft werden. Diese weltlichen Paten übernehmen folglich von vornherein nicht die Aufgabe der christlichen Erziehung des Kindes. Die Eltern schätzen sie als allgemeine Begleiter des Patenkindes, als weitere verbindliche Bezugsperson jenseits der unmittelbaren Kleinfamilie.

In seiner Geschichte erfuhr das Patentamt also einige Bedeutungswandel. Die Motive zur Bestimmung von Paten sowie die Auffassung von den Aufgaben, die Paten mit ihrem Amt übernehmen sollen, wurden immer wieder ersetzt und ergänzt.

Welche Aufgaben und Inhalte machen das Patenamt heute lebendig? Im Folgenden erzählen zwei Patentanten, wie sie ihr Amt heute verstehen und was ihnen daran wichtig ist.

Patenschaft heute: Zwei Patentanten erzählen

Es gibt viele verschiedene Vorstellungen, was das Patenamt bedeutet und wie es mit Leben gefüllt werden kann. Wir haben zwei Patentanten gebeten, uns an ihren persönlichen Gedanken darüber teilhaben zu lassen.

Um Ihnen die große Vielfalt der persönlichen Konzepte von Patenschaft zu verdeutlichen, haben wir uns dabei um zwei möglichst unterschiedliche Gesprächspartnerinnen bemüht. Die beiden Frauen sind mit Ende fünfzig und Anfang dreißig Mitglieder verschiedener Generationen; für die eine ist der christliche Bezug ihres Patenamtes von zentraler Bedeutung, die andere versteht sich als weltliche Patentante. Unsere erste Gesprächspartnerin ist eine leibliche Verwandte ihrer Patenkinder, während die zweite Patentante eine gute Freundin der Eltern ihrer Patenkinder ist. Die ältere Frau hat eigene Kinder großgezogen, die jüngere ist bislang kinderlos.

Man kann immer Menschen brauchen, die für einen beten

Barbara, 59 Jahre, ist Patentante mit christlichem Hintergrund und die leibliche Tante ihrer drei Patenkinder. Ihre Patenkinder sind mit 28, 32 und 39 Jahren alle bereits erwachsen.

Du bist Patentante?

Wie man's nimmt. Ist das nicht so, dass man offiziell dieses Amt schon mit der Konfirmation der Kleinen wieder los ist? Oder spätestens mit deren Volljährigwerden? In manchen Gegenden wird das jedenfalls so gehalten. Demnach wäre ich schon seit einigen Jahren abgesetzt, denn meine Patenkinder sind inzwischen ja allesamt längst erwachsen. Die Patentante bin ich aber zweifellos immer noch. Das bleibe ich wohl jetzt lebenslang.

Ich würde schon sagen, dass das auch etwas ganz Besonderes ist, so eine familiäre Beziehung zwischen Patentante und Patenkindern. Meine drei Patenkinder sind allesamt Kinder meiner Geschwister, das heißt, ich bin auch deren leibliche Tante. Dass ich zusätzlich noch als Patentante eingesetzt wurde, hat die Bindung schon noch mal vertieft: Tanten gibt es so einige, aber Patentanten nur eine oder höchstens zwei pro Kind.

Das scheint mir auch etwas ganz Wichtiges zu sein: diese Exklusivität. Du und niemand sonst – außer dem anderen Paten natürlich – sollst diese Rolle für das Kind übernehmen. Wie auserwählt! Wie wunderbar!

Und ich habe festgestellt, dass das meine Patenkinder auch so wahrgenommen haben: Da war schon eine besondere Zutraulichkeit, als sie noch kleiner waren. Und eine etwas geringere Distanz als zu anderen Verwandten, als sie dann größer wurden und eigentlich nicht mehr viel mit Familienfesten zu tun haben wollten. Das hängt wohl damit zusammen, dass beide Seiten auch höhere Erwartungen aneinander haben.

Natürlich habe ich sie meinerseits auch mit einem besonderen Interesse begleitet auf ihrem Lebensweg durch Kindheit und Jugend; ich habe sie vielleicht öfter hören wollen als andere Verwandte, mich gezielt in sie hineinzuversetzen versucht. Dazu hat man als Patentante, die nicht immer da ist, sondern nur hin und wieder hineinschneit in die Familie, ja auch viel mehr Geduld als die Eltern, die im täglichen ›Nahkampf‹ oft schon etwas verbraucht sind ...

Was sind für dich die wichtigsten Aufgaben eines Taufpaten?

Zum einen zweifellos dieses Begleiten und Interessiertsein am Kind. Genau hinsehen, was für ein Mensch da groß wird, um dann an manchen Stellen unterstützend oder fördernd oder auch beratend zur Seite zu stehen. Das muss gar nichts Großartiges sein. Manchmal reicht es aus, dem Kind etwas Bestärkendes zu sagen, so nebenbei, beim Tischdecken.

Wichtig finde ich auch, gemeinsam zu feiern. Gerade die Geburtstage der Patenkinder sind wunderbare Anlässe, um zu signalisieren: Prima, dass es dich gibt! Zumindest in einer herzlichen Glückwunschkarte, die dem Geschenkpäckchen immer beilag.

Sicher hätte ich auch bei Schwierigkeiten meiner Patenkinder zur Verfügung gestanden, um Rat zu geben. Aber dazu kam es gar nicht, weil alle drei eigentlich recht schadlos durch die Pubertät gekommen sind, wenn man so sagen kann.

Vielleicht war ich als Ansprechpartnerin in wirklich kritischen Fragen dann aber auch doch zu selten vor Ort. Die Anforderungen im Beruf und gleichzeitig in der eigenen Familie waren bei mir oft gar nicht so ohne, sodass ich vor allem bei den zwei Patenkindern, die etwas weiter weg wohnten, nicht so häufig, wie ich das gern gehabt hätte, zu Besuch sein konnte.

Die Begleitung der Patenkinder bezieht sich für mich übrigens auf mehr als nur auf alltägliche Dinge oder Fragen der Entwicklung des Kindes. Ich verstand mich als Patentante durchaus auch als spirituelle oder geistliche Begleiterin meiner drei Patenkinder. Das heißt, ich habe versucht, ihnen den christlichen Glauben vorzuleben und nahezubringen. Das muss natürlich jeder Mensch ganz persönlich für sich entscheiden, an was und vor allem wie er glauben möchte – meiner Meinung nach haben da auch Kinder ein Recht auf eigene Entscheidungen in einer so wichtigen Frage. Aber ich denke schon, dass das eine wichtige Aufgabe für einen Taufpaten ist, dem Kind von dieser Möglichkeit immerhin zu berichten. Wenn es gut läuft, kann man ja durchaus auch mit eigener Überzeugung und mit Überzeugungskraft davon erzählen, sodass diese Möglichkeit des Lebens mit Gott durchaus attraktiv ist!

Etwas sehr Grundlegendes war und ist mir sehr wichtig im Umgang mit meinen Patenkindern: Ich schließe sie in mein Gebet ein. Das ist vielleicht gleichzeitig die schönste Art, mit ihnen über Kilometer hinweg eng verbunden zu sein. Man kann immer Menschen brauchen, die für einen beten. Ich glaube übrigens auch, dass meine Patenkinder durchaus manchmal an mich denken und vielleicht ja auch ihrerseits für mich beten. Oder so etwas Ähnliches wie beten.

Welche Bedingungen müssen deiner Meinung nach erfüllt sein, damit eine Patenschaft gelingen kann?

Rückblickend würde ich vor allem sagen: Es braucht so viel Ernsthaftigkeit wie nötig. Und so viel Gelassenheit wie möglich. Das soll heißen, dass ich das Patenamt in seiner christlichen Funktion schon als sehr groß und Ehrfurcht einflößend empfinde, was tief geht und wunderbar ist. Ich nehme meine Aufgabe eben ernst. Es geht gleichzeitig aber auch darum, schlichtweg eine Menge Kuchen gemeinsam zu essen im Lauf der Jahre und eine gute Zeit miteinander zu haben. Klingt das zu oberflächlich? Das ist gar nicht so gemeint: Meine Patenkinder machen einen ziemlich hübschen Teil meines Lebens aus, den ich im Rückblick nicht missen möchte.

Eine gute Begleitung für das Patenkind

Anna, 32 Jahre, ist eine weltliche Patentante und eine gute Freundin der Eltern ihrer Patenkinder. Ihre Patenkinder sind drei und sieben Jahre alt.

Wie bist du zu deinen beiden Patenkindern gekommen?

Bei meinem ersten Patenkind war das irgendwie klar. Seine Eltern und ich sind sehr gut befreundet miteinander. Wir haben uns schon immer viel ausgetauscht.

Bei dem anderen Patenkind war ich dagegen fast ein wenig erstaunt, dass ich als Patentante gewählt wurde. Seine Eltern und ich mögen uns zwar ebenfalls sehr gern, aber wir sind doch sehr unterschiedlich. Als sie mich fragten, ob ich die Patentante ihrer Tochter werden wollte, habe ich mit ihnen ein klassisches Patengespräch geführt, in dem wir die gegenseitigen Erwartungen geklärt haben. Ich habe ihnen gesagt, dass ich gerne die Patentante sein würde und mich über ihre Frage freue. Trotzdem wollte ich vorher klarstellen, dass wir eigentlich in allen wesentlichen Lebensfragen entgegengesetzte Ansichten haben. Ihnen sind Sachen wichtig, die mir nicht wichtig sind – und andersherum natürlich. Ich habe ihnen die Frage gestellt, ob sie sich darüber im Klaren seien, dass ich dann natürlich in wesentlichen Fragen eine andere Meinung vertreten würde, denn ich fühle mich schon aufgerufen, meine Meinung zu sagen. Etwa, wenn es Probleme mit dem vielleicht etwas älteren Patenkind gibt. Das wollte ich einfach gesagt haben. Die Reaktion der Eltern hat mich sehr gefreut. Sie meinten, dass ihnen das schon völlig klar sei. Sie fänden es aber gerade gut, durch mich auch eine andere Stimme zu hören. Tatsächlich ist das jetzt auch so, dass die Mutter meines Patenkindes öfter anruft und sich mit mir in Erziehungsdingen berät.

Du bist kein Kirchenmitglied. War das ein Problem, als du Patentante werden solltest?

Mein erstes Patenkind wurde traditionell christlich getauft. Seine beiden Eltern sind auch gläubig. Als sie mich gefragt haben, ob ich die Patentante ihres Sohnes sein möchte, habe ich klar gesagt, dass ich selbst aber nicht gläubig bin und auch nicht der Kirche angehöre. Darüber haben sich dann gute Gespräche entwickelt. Ich habe – weil ich kein Kirchenmitglied bin – zwar keine offizielle Patenurkunde, werde aber als vollwertige Patentante wahrgenommen. Der Großvater meines Patenkindes ist Pfarrer und hat die Taufe selbst durchgeführt. Er hat mich nach der Taufe noch einmal angesprochen und gesagt, dass es für ihn als Pfarrer überhaupt keinen Unterschied macht, ob ein Taufpate nun Kirchenmitglied ist oder nicht. Auch ohne Kirchenzugehörigkeit könne man ein guter Begleiter für ein Kind werden. Das fand ich sehr nett von ihm. Ich hatte sonst auch schon Ablehnung aus kirchlichen Kreisen erlebt. Manche lehnen das ja strikt ab, dass eine Nichtchristin Patentante wird.

Natürlich kann ich diese christliche Erziehungsaufgabe, die mit der Patenschaft nach traditionell christlichem Verständnis verbunden ist, nicht leisten. Trotzdem habe ich humanistische, allgemeine Weltanschauungen, die ich meinen Patenkindern gern vermitteln möchte. Das steht aber im Hintergrund. Im gewöhnlichen Umgang mit meinen Patenkindern beschäftigt mich das nicht so sehr.

Was sind die Aufgaben eines Patenonkels oder einer Patentante?

Die Patentante oder der Patenonkel ist ein weiterer verlässlicher Ansprechpartner für das Patenkind. Das Verlässliche ist dabei ganz wichtig. Eine Patentante oder ein Patenonkel ist eine weitere Bezugsperson neben den Eltern und den Großeltern – in dieser hohen Wertigkeit würde ich das schon ansiedeln.

Ein Pate ist jemand, der Anteil nimmt. Er drückt seine Freude darüber aus, dass das Patenkind auf der Welt ist. Das Kind muss nichts dafür tun. Es muss nur da sein. Ich finde, dazu gehören auch die traditionellen Geschenke zu Weihnachten oder dem Geburtstag. Oder wenigstens die Geburtstagskarte.

Jetzt, wo alles gut läuft, fühle ich mich nicht aufgefordert, meinen Senf in den entscheidenden Fragen in der Erziehung meiner Patenkinder unaufgefordert dazuzugeben. Aber in dem Fall, dass etwas passiert und Eltern und Großeltern nicht mehr ansprechbar sind, fühle ich mich schon auch verantwortlich. Ich weiß gar nicht, ob das unbedingt heißt, dass ich dann die Kinder zu mir nehme und bei mir großziehe. Aber in existenziellen Fragen bin ich dann auf jeden Fall jemand, der zumindest mitüberlegt, was jetzt das Beste ist für das Kind.

Ideal finde ich, wenn die Paten viel Zeit mit ihren Patenkindern verbringen können. Das müssen aber eben alle Seiten – Paten, Eltern und Kinder – wollen. Mit dem einen Patenkind klappt das wunderbar: Mit ihm und seinen Eltern fahre ich regelmäßig für zwei, drei Wochen in den Urlaub. Das ermöglicht mir ein schönes alltägliches Erleben. Und es ist gut zu merken, dass mein Patenkind wirklich eine Beziehung zu mir aufbaut.

Es gibt noch etwas, was ich als Patentante vermitteln möchte: Ich versuche, mit meinen Geschenken für meine Patenkinder immer wieder neue Anregungen zu geben, seien es Bücher oder motorische Sachen wie Jonglierbälle oder ein Globus: Das sind Dinge, durch die sich die Kinder wieder etwas Neues erschließen können.

Für mich ist das Patenamt zum einen eine wirklich große Ehre. Es drückt zum anderen aber auch eine große Erwartung der Eltern aus, auch eine Erwartung nach Nähe zu mir. Als Patin bemüht man sich, den Kontakt zum Kind zu pflegen, und darüber intensiviert sich auch der Kontakt zu den Eltern.

Was sind deiner Meinung nach die Bedingungen einer gelingenden Patenschaft?

Ganz entscheidend ist wirklich ein gutes Verhältnis zu beiden Elternteilen. Manchmal ist man die Wahlpatentante nur einer

Seite der Elternschaft, während die andere Seite nicht so recht warm mit einem wird. Das kann dann unter Umständen zu Vorbehalten und einem distanzierten Verhältnis auch zwischen den Paten und dem Patenkind führen.

In meinem Fall trägt zu einer gelingenden Patenschaft sicher auch bei, dass die Eltern meiner beiden Patenkinder immer von mir erzählen und über mich reden. Auf diese Weise bin ich einfach auch im Gespräch am Abendbrottisch virtuell dabei.

Man muss als Patentante auf jeden Fall Zeit investieren, wenn die Patenschaft gelingen soll, denn damit sich ein Vertrauensverhältnis aufbaut, muss man Zeit miteinander verbringen. Bestimmte Termine sollte man dafür schon wahrnehmen: die Geburtstage, Weihnachten, die Einschulung. Im Gegenzug darf man von den Kindern aber nichts erwarten. Mein eines Patenkind will beispielsweise grundsätzlich nicht mit mir telefonieren, der läuft dann immer weg.

Weil es also ganz schön viel ist, was die Patin leisten sollte, dürfen es auch nicht zu viele Patenkinder sein. Jetzt habe ich zwei Patenkinder, und viel mehr dürfen es auch nicht werden, sonst werde ich den Einzelnen nicht mehr gerecht.

Da fällt mir noch etwas ein, was schön ist am Patinsein: Wenn man etwas Tolles unternimmt und das dann seinem Patenkind erzählen kann. Vor Kurzem, als ich gerade von meinem Gletscherkurs vom Alpenverein zurückkam, habe ich der Mutter meines Patensohnes am Telefon davon erzählt. Mein Patenkind bekam mit, über was seine Mutter mit mir am Telefon gerade sprach. Er war dann ganz aufgeregt und wollte plötzlich unbedingt mit mir telefonieren – was er ja sonst nie mag. Mein Patenkind hat mich dann gefragt, ob ich wirklich selbst auf einen Berg hochgeklettert bin, so richtig mit Eispickel. Das Wort »Eispickel« war ihm dabei sehr wichtig, das hatte er wohl gerade erst neu gelernt. Jedenfalls war das einer der erhabensten Momente in meiner Patenlaufbahn, als ich dann antworten konnte: »Na klar!«

Religiöse und weltliche Patenschaftsmodelle

Nach diesem ersten Einblick in die vielfältig gelebte Praxis der Patenschaft heute wird es jetzt noch einmal grundlegender: Im Folgenden erläutern wir das christliche Taufpatenamt in seiner theologischen und kirchenrechtlichen Substanz noch einmal ausführlich. Darüber hinaus stellen wir Ihnen auch die humanistische Tradition der Jugendweihe vor, die ebenfalls die Einsetzung von Paten vorsieht. Wir fragen schließlich auch nach ähnlichen Ritualen und sozialen Institutionen im Judentum und im Islam.

Das christliche Taufpatenamt

Die Taufe ist eines der wichtigsten Rituale der christlichen Religion. Sie gilt in erster Linie als die Zusage der Liebe und des Segens Gottes. Zugleich bestimmt sie über die formale Mitgliedschaft in der christlichen Gemeinschaft. Wie bereits oben beschrieben, spielt die Taufpatenschaft dabei eine wichtige Rolle zur Bezeugung der Taufe. Weiter sollen die Taufpaten neben den Eltern bei der religiösen Erziehung mitwirken. Um diese Erziehungsfunktion sicherzustellen, machen die Kirchen es zur Bedingung, dass die Taufpaten Mitglieder in einer christlichen Kirche sein müssen.

Die »Leitlinien kirchlichen Lebens« der Evangelisch-Lutherischen Kirche fassen die Regelungen zur Patenschaft übersichtlich zusammen. Diese sind in anderen Kirchen ähnlich:

- Patinnen und Paten sind Zeuginnen und Zeugen des Taufvollzugs und sorgen gemeinsam mit den Eltern und im Auftrag der Gemeinde für die Erziehung des Kindes im christlichen Glauben.
- Für die Taufe eines Kindes ist mindestens eine Patin oder ein Pate nötig.
- Patin oder Pate kann sein, wer der evangelischen Kirche angehört und zum Abendmahl zugelassen ist. Das ist gegebenenfalls durch einen Patenschein zu dokumentieren.
- Auch Mitglieder einer der Arbeitsgemeinschaft christlicher Kirchen angehörenden Kirche können nach Maßgabe des kirchlichen Rechts zum Patenamt zugelassen werden.
- Das Patenamt ruht, wenn die Patin oder der Pate die Zulassung zum Abendmahl verliert, insbesondere durch Austritt aus der Kirche. Wenn kein Pate mehr vorhanden ist, sorgen Eltern und Pfarramt dafür, dass die Aufgaben des Patenamtes dennoch wahrgenommen werden können.
- In das Patenamt eines anderen kann niemand eintreten. Ein übernommenes Patenamt kann weder aberkannt noch zurückgegeben werden.

Der genaue Ablauf der Taufe kann sich von Gemeinde zu Gemeinde unterscheiden. Es hat sich aber eine Grundgestalt der Taufliturgie herausgebildet, die folgende Schritte umfasst:

- Hinführung (Vorstellung, Taufbefehl, Gebet)
- Zuspruch (Wort zur Taufe, Verpflichtung der Eltern, Patinnen und Paten bei einer Kindertaufe)
- Vollzug (Glaubensbekenntnis, Taufakt, Verlesen des Taufspruches)
- Sinnzeichen (zum Beispiel Bezeichnung mit dem Kreuz oder Umhängen einer Kette mit Kreuz, Übergeben der Taufkerze, Taufkleid)
- Eingliederung (Tauferklärung, Willkommensheißung durch die Gemeinde, Übergabe der Taufurkunde)

An die Paten richtet sich üblicherweise die Frage, ob sie zusagen, das Kind im christlichen Glauben zu erziehen. Bei der Evangelisch-Lutherischen Kirche etwa lautet die Frage an die Paten wie folgt:

»Liebe Paten, ihr vertretet bei diesem Kind die christliche Gemeinde. Deshalb frage ich euch: Seid ihr bereit, die Patenschaft an diesem Kind zu übernehmen, für dieses Kind zu beten, ihm in Notlagen beizustehen und ihm zu helfen, ein lebendiges Glied der Kirche Jesu Christi zu werden, so antwortet: Ja, mit Gottes Hilfe!«

Nach Absprache mit dem Pfarrer oder der Pfarrerin kann dieses Versprechen auch durch die Paten abgewandelt und selbst formuliert werden. Nach der Tauffrage wird dann gemeinsam das Glaubensbekenntnis gesprochen. Das bekannte Ritual, bei dem der Kopf des Täuflings dreimal mit Wasser begossen wird, schließt sich an. Nach der Taufe werden die Taufpaten in den Taufschein des Kindes eingetragen.

Vor der Taufe gibt es ein Taufgespräch zwischen dem Pfarrer oder der Pfarrerin und den Eltern. Hier können nach Absprache auch die Paten teilnehmen. Diese haben dann die Gelegenheit, sich aktiv in die Taufhandlung einzubringen, etwa durch Vorschläge für den Taufspruch, für die Lieder, die bei der Taufe gesungen oder für Texte, die verlesen werden. Dieses Gespräch bietet vor allem aber auch die Möglichkeit, die Erwartungen der Eltern an die Taufe und die Patenschaft zu erfahren und eigene Erwartungen und Wünsche bezüglich des Patenamtes zu benennen.

Einige häufige Fragen zur kirchlichen Taufpatenschaft und ihre Antworten haben wir im Folgenden zusammengestellt:

Kann jede/r Pate oder Patin werden?
Nein. Um Taufpate oder Taufpatin werden zu können, muss man getauft und Mitglied einer Kirche sein, die der Arbeitsgemeinschaft Christlicher Kirchen (ACK) angehört. Evangelische Christen müssen konfirmiert, katholische gefirmt und beide mindestens 14 Jahre alt sein.

Endet das Patenamt irgendwann?

In der evangelischen Kirche endet das Patenamt formal nach der Konfirmation. Häufig verstehen sich aber Paten ein Leben lang als solche. In der katholischen Kirche endet die Patenschaft nicht formal.

Gibt es ökumenische Taufen und Patenschaften?

Taufen können nicht ökumenisch sein, da die Taufe zugleich die Aufnahme in eine spezifische Kirche ist und daher immer innerhalb einer Konfession erfolgen muss. Es ist aber möglich, dass Pfarrer beider Konfessionen den Taufgottesdienst gemeinsam gestalten. Patenschaften bei evangelischen Taufen können insofern ökumenisch sein, als hier auch katholische Paten zugelassen werden. Bei katholischen Taufen werden evangelische Paten nicht zugelassen. Sie können aber stattdessen »Taufzeugen« des Kindes sein. Allerdings sind hier die Gepflogenheiten von Gemeinde zu Gemeinde unterschiedlich, sodass nach Absprache eventuell auch evangelische Paten möglich sind. Da Eltern die Paten heute meist nach der Person und nicht nach der Konfession auswählen, kann es vorkommen, dass Menschen gewünscht sind, die der jeweils anderen Konfession oder keiner Konfession angehören. Sprechen Sie in jedem Fall Ihren Pfarrer darauf an und erörtern Sie die Möglichkeiten der Taufpatenschaft, der Taufzeugen oder einer informellen Patenschaft.

Kann man auch Pate bei einer Segnung werden?

In manchen evangelischen Kirchen ist es möglich, sein Kind zunächst nur segnen zu lassen. Das ist dann der Fall, wenn die Eltern dem Kind später die freie Entscheidung für oder gegen die Taufe überlassen wollen. In einer gottesdienstlichen Handlung wird das Kind gesegnet. Da diese Segnung aber formal nicht die Taufe ersetzt und nicht die Kirchenmitgliedschaft begründet, können auch keine formalen Paten eingesetzt werden. Selbstverständlich können aber immer informelle Paten benannt werden, die das Kind begleiten, bis es sich für oder gegen eine Taufe entscheidet. Diese »informellen Paten« werden zwar von der Kirche nicht als solche anerkannt, werden also auch nicht in eine Urkunde eingetragen, nehmen aber in Absprache mit den Eltern eine vergleichbare Rolle ein.

Weltliche Formen der Patenschaft: Jugendweihe und Namensfeste von 1850 bis heute

Eine ebenfalls institutionalisierte, aber weltliche Form der Patenschaft wird im Zusammenhang mit der humanistischen Tradition des Namensfestes eingegangen.

Das Namensfest hat eine ähnliche Funktion wie die christliche Taufe und dient der feierlichen Namensgebung von Kindern und ihrer Aufnahme in eine Gemeinschaft. Den Kindern werden auch bei diesem weltlichen Fest Paten aus Familie oder Freundeskreis zur Seite gestellt, die ihren Schützlingen mit Rat und Tat auf ihrem Lebensweg zur Seite stehen sollen.

Besser bekannt als das Namensfest und die weltliche Patenschaft ist die Jugendweihe. Aus der Tradition der Jugendweihe ist das Namensfest entstanden. Hier zeigt sich, wie sich aus ursprünglich religiösen Ritualen neue, veränderte weltliche Traditionen entwickeln können. Die Geschichte der Jugendweihe und der daraus folgenden Namensfeste und Patenschaften wird im Folgenden kurz dargestellt.

Die Jugendweihe/Jugendfeier wird fälschlicherweise meist als Erfindung des ehemaligen DDR-Regimes angesehen. Die Jugendweihe ist aber bedeutend älter, sie wurde nämlich bereits Mitte des 19. Jahrhunderts entwickelt. Sie ist ein Beispiel dafür, dass unsere soziale und politische Kultur nicht nur – wie häufig angenommen – durch die christlich-abendländische Kultur geprägt ist, sondern auch durch die Ideen der Aufklärung. Die Jugendweihe wurde von Theologen eingeführt, die Kritik an den damaligen Regeln der Kirchen übten und infolgedessen aus Kirchenämtern ausgeschlossen wurden. Sie forderten etwa die Abschaffung der Heiligenverehrung, des Zölibats und des Mischehenverbots; später auch die Einführung des Frauenwahlrechts für Gemeindegremien, des gebührenfreien Kirchenaustritts (der einfache Austritt aus den christlichen Kirchen war zu der Zeit nicht möglich) und die Befreiung vom Religionsunterricht für Kinder von Andersgläubigen.

Zunächst entstanden freireligiöse Bewegungen und unabhängige Glaubensgemeinschaften, später auch atheistische Vereine, die etwa Bildungsmöglichkeiten für Arbeiter entwickelten und Kindergärten einrichteten, die auf Grundlage humanistischer Werte geführt wurden.

In diesem Kontext prägte der Pastor Eduard Wilhelm Baltzer (1814–1887) im Jahr 1852 den Begriff »Jugendweihe«. Baltzer war davon überzeugt, dass das Denken stark durch die Sprache geprägt ist, und fand es daher wichtig, dass die Distanz zu den Kirchen sich auch im alltäglichen Sprachgebrauch widerspiegelte. Der Gottesdienst wurde nun »Feier« genannt, der Prediger wurde zum »Sprecher«. Taufen wurden umbenannt in »Einführung in die Gemeinde«, die Konfirmation hieß »Feier der Jugendaufnahme«, »Jugendweihe« oder »Jugendfeier«.

Diese Rituale wurden in den vergangenen 150 Jahren immer wieder verändert und mussten sich an die politischen Gegebenheiten anpassen. So wurden viele der Freidenkerverbände und ihre Traditionen unter den Nazis verboten. In der DDR hingegen wurde etwa die Jugendweihe gefördert und vom Staat vereinnahmt. Seit dem Mauerfall 1989 befinden sich auch diese weltlichen Rituale wieder im Umbruch. Sie haben sich der Propaganda des Kalten Krieges entledigt und werden nun sowohl in Ost- als auch in Westdeutschland von Jugendweihevereinen und von humanistischen Vereinen vertreten.

Neben der Jugendweihe sind auch Eheschließungen, Trauerfeiern und eben auch Feiern der Namensgebung Teil der humanistischen Feierkultur. Die Feiern entstanden aus dem Wunsch nicht religiös gebundener Familien heraus, ihre Feiern zur Aufnahme in ihre Gemeinschaft in wiedererkennbarer, zeremonieller Form zu gestalten. Das Namensfest dient laut des Vereins »Jugendweihe Kassel e.V.« etwa als »Aufnahmezeremonie in die menschliche Gemeinschaft, denn mit der Geburt hat der neue Erdenbürger das unabdingbare Recht sowohl auf ein menschenwürdiges Leben als auch auf einen Namen erworben«.

Das Namensfest ist eine Veranstaltung mit feierlichem

Charakter. Durch die Zeremonie wird bezeugt, dass die Kinder nach freiheitlichen, humanistischen Werten erzogen werden sollen. Dazu werden Paten aus der Familie oder dem Freundeskreis benannt. Die Paten versprechen durch eine Unterschrift auf der Namensfest-Urkunde, dass sie Verantwortung für das Kind übernehmen und ihm zur Seite stehen wollen.

Ein Jugendweihe-Verein beschreibt das weltliche Namensfest und die Rolle der Paten wie folgt:

»Mit der Teilnahme bekunden die Eltern ihre Bereitschaft, ihren Kindern ein sinnerfülltes Leben zu ermöglichen und ihnen humanistische Werte und Grundsätze zu vermitteln. Damit verbunden möchten die Eltern, dass Verwandte oder Freunde, denen sie vertrauen, die Patenschaft für ihr Kind übernehmen und es auf dem Weg ins Leben begleiten und beraten.

Jede Feier wird individuell vorbereitet und gestaltet; entsprechend der Hinweise der Eltern wird auf jedes Kind und seine bisherige Entwicklung eingegangen. Den Eltern wird bewusst gemacht, was für eine schöne und sicher auch schwierige Aufgabe die Erziehung eines Kindes ist.

Den Paten wird vor allem verdeutlicht, welch hohe Verantwortung sie mit der Unterschriftsleistung auf der Urkunde übernehmen, denn Patenschaft bedeutet mehr als ein Geschenk zu festlichen Anlässen. Begleiter sind auf dem Weg ins Erwachsenwerden und in jedem Lebensalter wichtig und können in schwierigen Situationen hilfreich mit Rat und Tat zur Seite stehen.

Feiern zur Namensgebung gehören zu den Höhepunkten im familiären Leben; sie heben heraus aus dem Alltag, geben

Orientierung und dokumentieren und festigen familiären und freundschaftlichen Halt. An den offiziellen, recht feierlichen Teil schließt sich zumeist eine zünftige Familienfeier an.«

Patenähnliche Rollen im Judentum und Islam

Die Taufe und damit das Taufpatenamt sind spezifisch christliche Institutionen und finden sich in dieser Form in keiner anderen Religion. Die soziale Rolle der Paten, also eine erwachsene Vertrauensperson neben den Eltern, die einem Kind zur Unterstützung und zur Erziehung zur Seite gestellt wird, gibt es aber in anderem kulturellen Kontexten durchaus. Patenähnliche Rollen und mit der Taufe vergleichbare Rituale können Hinweise darauf geben, dass Rituale in unterschiedlicher Weise ausgeprägt sein und doch einen ähnlichen sozialen Zweck erfüllen können.

Judentum

Auch im Judentum wird die Geburt eines Kindes besonders gewürdigt und gefeiert und ist mit unterschiedlichen Ritualen verbunden. Bei einem davon, das allerdings nicht in allen jüdischen Traditionen vollzogen wird, spielen auch Paten eine zentrale Rolle. So gibt es den Begriff des Kvatter (Pate) und der Kvatterin (Patin). Kvatter und Kvatterin haben eine eigene Funktion im ältesten jüdischen Ritual, der Brit Mila (»Bund der Beschneidung«). Die Beschneidung der Jungen findet am achten Tag nach der Geburt statt. Für Mädchen gibt es einige Wochen nach der Geburt ein Segnungsfest, bei dem allerdings keine Paten vorgesehen sind.

Kvatter und Kvatterin sind in der Regel enge Freunde oder Verwandte der Eltern. Vor der Brit Mila gibt die Mutter das Baby der Kvatterin. Diese bringt es in das Zimmer, in dem die Zeremonie stattfindet, und überreicht es dem Kvatter. Der übergibt es dem Mohel, der die Beschneidung durchführt.

Während der Zeremonie spricht der Vater des Jungen ein Glaubensbekenntnis und einen Segen. Die Anwesenden antworten darauf:

»Gib, dass er denen Freude bereitet, die ihn erziehen. In Liebe und Weisheit möge man ihn die Bedeutung dieses Bundes lehren, in den er heute eingetreten ist, damit er nach Gerechtigkeit und Wahrheit strebt und auf den Wegen des Friedens geht. Dieses Kind möge erwachsen werden und ein Segen sein für seine Familie und für das Haus Israel und für alle Familien der Erde.«

Bei der Zeremonie wird den Jungen auch ihr jüdischer Name gegeben. Die Mädchen erhalten ihren jüdischen Namen bei der Segnung in der Synagoge. In den beiden vergangenen Jahrhunderten haben Juden auch weltliche Vor- und Zunamen angenommen. Traditionell erhalten sie aber nach wie vor auch einen jüdischen Namen. Im Anschluss an die Zeremonie übergibt der Kvatter das Kind wieder der Kvatterin, die es zurück zur Mutter bringt.

Bei diesem Ritual zum »Bund der Beschneidung« bringen die Eltern ihre Verbindung zum Glauben und der Tradition zum Ausdruck, die sie auch an das Kind vermitteln werden. Die Beschneidung des Kindes bedeutet jedoch nicht die Aufnahme in die jüdische Gemeinde: Jüdisch ist das Kind bereits dadurch, dass es das Kind einer jüdischen Mutter ist.

Die Tradition dieser Patenschaft ist manchmal auch verbunden mit einem Fruchtbarkeitsritual: Als Kvatter und Kvatterin wird häufig ein junges Paar ausgewählt, das selbst einen Kinderwunsch hat.

Islam

Die folgenden Rituale sind nicht immer eindeutig der islamischen Religion zuzuordnen, sondern sind stark ethnisch geprägt. So werden Namensfeste der Muslime in Nordafrika zum Beispiel anders ausgestaltet als von Muslimen im Iran.

Im Islam gibt es keine religiöse Patenschaft. Aber auch hier spielt die Namensgebung von Neugeborenen eine große Rolle und wird zeremoniell gefeiert. Traditionell wurde dem Neugeborenen bei der Abtrennung der Nabelschnur ein religiöser Name gegeben. Das Namensfest findet bei der *'Aqiqa*, dem ersten Haarschnitt am sechsten oder siebten Tag nach der Geburt statt. Hier wird dem Kind der Rufname gegeben und dabei das Glaubensbekenntnis ins Ohr geflüstert. Kinder werden häufig nach ihren Vorfahren oder bestimmten Familienangehörigen benannt.

Es gibt zwar keine als solche bezeichnete Patenschaft in islamischen Kulturen, doch dem Kind stehen eine Vielzahl von außerelterlichen Bezugspersonen mit besonderer Bedeutung und Verantwortung zur Seite. Herausstehend sind vor allem die Onkelbeziehungen. In einigen Kulturen gibt es eine klare Rollenvorgabe für diese Beziehungen: So übernimmt der Bruder des Vaters häufig eher eine formale und rechtliche Verantwortung. Er vertritt etwa den Vater bei Bedarf in rechtlichen Angelegenheiten oder übernimmt die Versorgungsfunktion im Ernstfall. Der Bruder der Mutter übernimmt eine manchmal innigere Beziehung, in der ein persönlicheres und vertrauensvolleres Verhältnis zum Kind aufgebaut wird.

Patenschaften: Unterschiedliche Kontexte, gemeinsame Funktionen

Die Idee, Kinder mit einem festlichen Ritual willkommen zu heißen und ihnen eine ganz bestimmte erwachsene Bezugsperson zusätzlich zu den Eltern - einen Paten oder eine Patin - an die Seite zu stellen, ist in vielen Kulturen zu finden. Obwohl der inhaltliche Bezug in den einzelnen Religionen und weltanschaulichen Traditionen verschieden ist, gibt es Gemeinsamkeiten in der *sozialen* Funktion, die dabei diesen Paten zukommt. Sieben Aspekte scheinen uns in allen benannten Beispielen - sowohl in den Religionen als auch beim weltlichen Namensfest - eine wichtige Rolle zu spielen. Unterschieden werden können dabei die kurzfristigen Aspekte, die speziell mit der Willkommensfeier verbunden sind, und die langfristigen Aspekte, die die Patenbeziehung über viele Jahre betreffen.

Die gemeinsamen Funktionen der Willkommensfeste sind:

- **Gemeinschaftsbildung:** Die Willkommensfeste für Kinder dienen der Aufnahme in eine Gemeinschaft.
- **Identitätsbildung:** Die Rituale bestimmen die Identität von Gruppenmitgliedern. Sie schaffen gemeinsame Erinnerungen für die Gemeinschaft.
- **Markierung von Lebensübergängen:** Durch Rituale werden Phasen und Brüche im Leben markiert und feierlich begangen. Die Übergänge werden dadurch in ihrer Bedeutung hervorgehoben und gewürdigt.

Gemeinsame Funktionen der Patenbeziehungen sind:

- **Benennung nichtelterlicher Bezugspersonen:** Neben den Eltern werden weitere Menschen benannt, die das Kind unter ihre Fittiche nehmen und Verantwortung übernehmen.
- **Öffentliche Selbstverpflichtung der Verantwortlichen:** Die Paten und die Gemeinschaft heißen das Kind öffentlich willkommen, äußern Wünsche und Hoffnungen für sein zukünftiges Leben. Diese öffentliche Bekundung erzeugt eine soziale Verpflichtung, die die Einhaltung der Rolle bestärkt. Das gilt vor allem für Paten, aber auch andere Familienangehörige und Freunde garantieren durch ihre öffentlich formulierten Wünsche deren Verbindlichkeit.
- **Langfristige Verantwortungsübernahme:** Die Benennung von Paten oder ähnlichen Vertrauten beinhaltet eine langfristige Verpflichtung. Dieser eingegangene Bund kann in der Regel nicht einfach aufgelöst werden.
- **Erziehungsanspruch:** Der Verantwortungsaspekt wird

um einen Erziehungsanspruch ergänzt. Ein Teil der Verantwortungsübernahme ist es, sich um bestimmte Aspekte der Erziehung – oft verbunden mit religiöser und Werteerziehung – zu kümmern.

Welche dieser Aspekte sind Ihnen bei Ihrem eigenen Patenamt oder bei der Auswahl von Paten für Ihr Kind wichtig? Mit unserem Blick über den Tellerrand auf patenähnliche Modelle in anderen Religionen hoffen wir, Ihnen Anregungen gegeben zu haben, wie Sie Patenschaft für sich selbst definieren und so (neu) mit Leben füllen können.

3

Was bin ich?
Rollenverständnisse von Paten

Warum Pate werden?

Sie wurden von nahen Verwandten oder guten Freunden gebeten, die Patenschaft für deren Kind zu übernehmen? Wir gratulieren! Sie können diese Anfrage ruhig als Zeichen nehmen, dass Sie diesen Menschen sehr wertvoll sind. So wertvoll, dass sie Sie als enge und langfristige Bezugsperson ihres Kindes gewinnen wollen.

Sicher haben Sie die Situation, in der Sie gefragt wurden, ob Sie zur Übernahme des Patenamtes bereit wären, noch gut in Erinnerung. Bestimmt haben Sie sich damals gefreut, Sie fühlten sich geehrt und ausgewählt. Etwas später haben Sie sich vielleicht noch einmal gründlich Gedanken gemacht, was mit Ihrem neuen Patenamt genau verbunden sein wird: Was bedeutet Ihnen Ihre neue Rolle als Patenonkel oder Patentante? Wie wollen Sie diese füllen? Welche offiziellen Aufgaben sind damit verknüpft? Was erhoffen sich die Eltern Ihres Patenkindes wohl von Ihnen? Im Folgenden finden Sie dazu einige Informationen und Anregungen.

Welche Aufgaben haben Paten?

Die kirchliche Aufgabenbeschreibung

An einer »offiziellen« Beschreibung der Aufgaben als Patentante oder Patenonkel können Sie sich orientieren, sofern Sie Pate oder Patin im christlichen Sinn sind. Wie im vorangegangenen Kapitel bereits beschrieben, benennen die christlichen Kirchen als Kernaufgabe der Taufpaten die Mitwirkung an der christlichen Erziehung des Patenkindes. Taufpatin und Taufpate sollen die Taufe ihres Patenkindes nicht nur bezeugen können, sondern auch dafür Sorge tragen, dass ihr Patenkind den Sinn seiner Taufe später selbst nachvollziehen kann. Die Paten sollen die Eltern des Kindes in Fragen der christlichen Erziehung beraten und selbst Impulse der Glaubensvermittlung setzen.

Dem entspricht die recht weit verbreitete Tradition, dass Paten ihrem Patenkind zur Einschulung die erste Kinderbibel oder zur Konfirmation beziehungsweise Kommunion das erste Gesangbuch schenken. Dies halten häufig selbst Taufpaten so, die ihren Glauben ansonsten wenig bewusst leben. Allerdings sehen viele ihre Aufgabe der christlichen Erziehung ihres Patenkindes damit auch als im Großen und Ganzen erledigt an. Anregungen, wie eine weitergehende Glaubensvermittlung von Paten an ihre Patenkinder aussehen kann, finden Sie im Kapitel »Christliche Erziehung und humanistische Wertevermittlung«.

Wer dagegen weltlicher Pate ohne Taufe und christlichen Hintergrund ist, muss auf verbriefte Aufgabenbeschreibungen verzichten. Das Patenamt existiert im Gesetz der Bundesrepublik Deutschland nicht und wird dort auch in keiner Weise geregelt. Aber neben der genannten christlichen Kernaufgabe der Glaubensvermittlung gibt es natürlich weitere allgemeine und populäre Auffassungen, was die Aufgaben einer Patentante oder eines Patenonkels sind oder sein können.

»Wenn uns etwas zustößt ...«

Weit verbreitet ist etwa die Auffassung, es sei Aufgabe der Paten, das Kind zu sich zu nehmen, wenn beiden Eltern etwas zustößt und sie nicht mehr in der Lage sind, selbst für ihr Kind zu sorgen. Diese sehr ernste Aufgabe der Paten ist allerdings weder kirchenrechtlich noch im weltlichen Recht festgelegt. Nach geltendem Gesetz würde Ihr Patenkind im Ernstfall von einem Vormundschaftsgericht nur den Großeltern oder leiblichen Tanten oder Onkeln des Kindes anvertraut; Patentante oder Patenonkel, sofern sie nicht ohnehin direkte leibliche Verwandte des Kindes sind, kommen dagegen ohne eine entsprechende notarielle Verfügung der Eltern nicht in Betracht. Ähnliches gilt übrigens auch im Fall einer Scheidung der Eltern Ihres Patenkindes: Ein Umgangsrecht haben Paten nicht. In der Regel sind jedoch alleinerziehende Mütter und Väter sicherlich dennoch für jede weitere enge Bezugsperson des Kindes herzlich dankbar.

Die Rolle als Ersatzfamilie im größten Notfall ist mit dem Patenamt also nicht automatisch verbunden. Dennoch mag es eine sinnvolle Überlegung sein, die auch die Eltern Ihres Patenkindes beruhigen kann. Wenn Ihnen und den Eltern die Aufgabe am Herzen liegt, sollten die Eltern dies schriftlich festlegen und notariell bekunden.

»Eine zusätzliche Bezugsperson«

Als Pate oder Patin sind Sie zu einer wichtigen Bezugsperson Ihres Patenkindes benannt worden. Tatsächlich gelten die Patentante oder der Patenonkel landläufig als die nächsten erwachsenen Vertrauenspersonen des Kindes nach den Eltern und neben den Großeltern – natürlich nur dann, wenn die Paten sich aktiv um eine intensive Beziehung zum Kind bemühen.

Was bedeutet es genau, eine wichtige Bezugsperson für Ihr Patenkind zu sein? Es bedeutet an erster Stelle, allgemein Interesse am Kind zu haben – an seiner Entwicklung, vor allem aber an der Entwicklung seiner Persönlichkeit, an seinen Erlebnissen in der Familie, im Kindergarten und später in der Schule. Schön ist es, wenn Ihrem Patenkind Ihre Aufmerksamkeit für seine Person auch bewusst ist. Erkundigen Sie sich deshalb nicht nur bei seinen Eltern nach ihm, sondern stellen Sie ihm selbst Fragen (bei Ihren Besuchen oder vielleicht in regelmäßigen Briefen, E-Mails oder Telefonaten). Signalisieren Sie Ihrem Patenkind direkt: »Du bist mir wichtig. Mich interessiert, wie es dir geht und was du tust.«

Wenn Sie seine Entwicklung aufmerksam verfolgen, sind Sie auch in der Lage, Ihr Patenkind ganz gezielt zu fördern und zu ermutigen. Wählen Sie etwa Geschenke so aus, dass Ihr Patenkind damit Ansätze von neuen Interessen vertiefen und frisch erworbene Fertigkeiten weiterentwickeln kann. Sprechen Sie dem Kind allgemein Ihre Anerkennung für seine Stärken und Talente aus. Vielleicht erinnern Sie sich, wie wichtig es Ihnen in Ihrer Kindheit oder Jugend war, etwas ganz Besonderes zu sein. Gerade

Ihr Wort als Patentante oder Patenonkel kann bei der Entfaltung des Selbstbildes und des Selbstbewusstseins erhebliches Gewicht haben.

Eine wichtige Bezugsperson für Ihr Patenkind zu sein bedeutet natürlich auch, sich in Krisen aller Art um das Wohlergehen Ihres Patenkindes zu kümmern. Ihr Patenamt verlangt Ihnen auch die Bereitschaft ab, für Ihr Patenkind Sorge tragen zu wollen und gemeinsam mit den Eltern des Kindes mitzudenken, was das Kind zur Bewältigung der Schwierigkeiten braucht. Hier ist es hilfreich, wenn Sie diese Bereitschaft auch gegenüber dem Kind selbst zu erkennen geben: »Ich will auch deine Probleme hören. Ich möchte dich auch durch Schwierigkeiten begleiten.« Wenn das Patenkind zu einem pubertierenden Teenager herangewachsen ist, kann die Bereitschaft der Patentante oder des Patenonkels, ihm auch bei Krisen zur Verfügung zu stehen, eine besondere Bedeutung bekommen. Gerade in Konflikten mit den Eltern ist eine vermittelnde Person, die von beiden Seiten geschätzt wird, von großem Nutzen.

»Du kommst doch auch?«

Zu bestimmten Anlässen wird die Familie Ihres Patenkindes und Ihr Patenkind selbst Ihre persönliche Anwesenheit erwarten oder sich zumindest sehr wünschen. Es sind dies die großen Familienfeste, bei denen das Kind im Mittelpunkt steht: traditionell natürlich die Taufe oder eine ähnliche Feier zur Geburt des Kindes (bei der Sie ja vermutlich zur Patin oder zum Paten ernannt werden), später die Einschulungsfeier und die Konfirmation, Kommunion oder Jugendweihe (oder Ähnliches), vielleicht auch der 18.

Geburtstag und damit der Eintritt in die Volljährigkeit. Zu diesen Anlässen werden meist auch längere Anreisen der Paten erwartet.

Aber auch neben diesen großen Anlässen sind Besuche der Patentante oder des Patenonkels gerne gesehen. Je nach räumlicher Entfernung und beruflichem oder familiärem Eingebundensein der Paten werden diese Besuche sicherlich unterschiedlich häufig sein. Um eine intensive Beziehung zu Ihrem Patenkind aufbauen zu können, kommen Sie aber nicht umhin, sich immer wieder einmal Zeit für persönliche Begegnungen zu nehmen. Briefe, Telefonate und E-Mails sind eine gute und sinnvolle Ergänzung der Besuche, können Ihre persönliche Anwesenheit aber nicht vollständig ersetzen. Ist Ihr Patenkind etwas älter, können Sie es auch zu einem Besuch bei Ihnen oder zu gemeinsamen Ferien einladen.

»Du kaufst ihr dann das Pferd!«

Es gibt eine weitere Erwartung an Paten, die von vielen geteilt wird: Der Patenonkel oder die Patentante hat dem Patenkind zu den größeren Anlässen wie den Geburtstagen, zu Weihnachten und insbesondere zu Konfirmation, Kommunion oder Jugendweihe wertvolle Geschenke (am besten gleich imposante Geldbeträge?) zu machen. Früher war es allgemein üblich, bei der Auswahl der Paten eines Kindes vor allem deren finanzielle Möglichkeiten zu bedenken. Heute ist dies sicherlich nicht mehr das erste Kriterium bei der Auswahl der Paten, mag aber in abgemilderter Form bei manchem doch noch eine Rolle spielen. Machen Sie sich diese eventuelle Erwartungshaltung der

Eltern Ihnen gegenüber bewusst und sprechen Sie das Thema offen an, wenn Sie den Eindruck haben, dass Sie den materiellen Erwartungen nicht gerecht werden können oder wollen.

Abgesehen von der manchmal stark materiell ausgerichteten Erwartungshaltung mancher Eltern sind Geschenke aber selbstverständlich eine gute Gelegenheit, Ihrem Patenkind die Zuneigung zu zeigen, die Sie für es empfinden. Geschenke müssen aber nicht teuer sein, um von Herzen zu kommen. Gerade jüngere Kinder machen kaum einen Unterschied, ob ein geschenktes Spielzeug nun ein Markenartikel eines teuren Spielzeugherstellers ist oder »nur« ein Artikel vom Krabbeltisch des Supermarktes. Ein Döschen Seifenblasenflüssigkeit kann genauso viel spontane Freude bereiten wie das teure aufziehbare Auto. Viel wichtiger ist, dass Sie bei der Auswahl des Geschenks die Interessen und Vorlieben Ihres Patenkindes berücksichtigen. Weitere Anregungen zum Thema Schenken finden Sie im Kapitel »Paten und Geschenke«.

Das Gespräch mit den Eltern: Die Patenrolle bestimmen, gegenseitige Erwartungen klären

Was wir bisher beschrieben haben, sind nur die gängigsten Auffassungen über die Aufgaben der Paten. Sowohl Sie als Patentante oder Patenonkel als auch die Eltern Ihres Patenkindes können natürlich jeweils eigene Vorstellungen vom Patenamt haben. Einige der hier genannten Aufgaben werden Sie vielleicht so nicht sehen, andere kommen hinzu.

Heute, da das Patenamt sich im Wandel befindet, sind die Funktionen einer Patentante oder eines Patenonkels nicht eindeutig und allgemeingültig festgelegt. Die Patenschaft ist eine offene Rolle, die von Ihnen individuell ausgefüllt werden kann. Es ist deshalb sinnvoll, wenn Sie zu Beginn Ihrer Patenschaft einen Gedankenaustausch zur Patenrolle mit den Eltern Ihres Patenkindes anregen. Fragen eines solchen Gespräches können zum Beispiel sein:

- Warum genau und mit welchen Hoffnungen verbunden wurde ich als Pate oder Patin ausgewählt? Welche Erwartungen haben die Eltern an mich? An welche Aufgaben denken sie?
- Wie sehe ich selbst meine Rolle als Patin oder Pate? Auf welche Aufgabe habe ich große Lust?
- Decken sich meine Vorstellungen mit denen der Eltern oder gibt es Differenzen? Welche Aufgabenzuschreibungen der Eltern überfordern mich vielleicht?
- Beide Seiten (Eltern und Paten) schildern einen perfekten Tag, den Pate oder Patin alleine mit dem Patenkind verbringen: Wie sieht dieser Tag aus beiden Perspektiven aus?

Ein solches Gespräch ist auch dann sinnvoll, wenn Sie bereits einige Zeit Pate eines Kindes sind, inzwischen aber (oder schon von Anfang an?) unsicher sind, welche Bedeutung diesem Amt von beiden Seiten zugemessen wird und wie Sie es lebendiger gestalten können. Sie könnten dann beispielsweise in einem Eltern-Paten-Gespräch ein Zwischenfazit ziehen und auf die bereits etablierte Form Ihrer

Patenschaft zurückschauen: Was hat sich bewährt? Was wünschen Sie sich anders? Welche neuen Impulse möchten Sie gerne in Zukunft geben?

Sieben gute Gründe, eine Patenschaft zu übernehmen

Bisher war an dieser Stelle viel die Rede von Aufgaben und Erwartungen, die die Patenfamilie an Sie richten wird. Ihr Patenamt erfordert von Ihnen demnach den Einsatz von zeitlichen und emotionalen Ressourcen. Das klingt aufwendig und auch etwas einseitig – als ob Sie als Patin oder Pate ganz eindeutig in der alleinigen Geberrolle seien. Dennoch freuen sich die meisten Menschen ausgesprochen darüber, als Patenonkel oder Patentante ausgewählt worden zu sein. Tatsächlich gibt es ausgezeichnete Gründe dafür, eine Patenschaft zu übernehmen.

1. »Ich bin auserwählt!«

Wenn Ihre Freunde oder Verwandte Sie zur Patentante oder zum Patenonkel ihres Kindes machen wollen, so ist das ein Grund, sich gehörig geehrt und auserwählt zu fühlen. Denn unter all den vielen Menschen ist man bei der Auswahl der Paten gerade auf Sie und ausschließlich auf Sie (und vielleicht noch auf den zweiten Paten) gekommen, weil Sie etwas Besonderes sind! Die Eltern Ihres Patenkindes drücken damit auch aus, wie sehr sie Sie schätzen. Sie halten Sie für einen so wertvollen Menschen, dass sie gerne sähen, wenn Sie ihr Kind durch sein Leben begleiten.

2. Verbindlichkeit

Der Arbeitsmarkt fordert heute nicht nur von Berufsanfängern eine große Bereitschaft zu jobbedingten Ortswechseln. Anstellungsverhältnisse sind nicht selten auf nur wenige Jahre angelegt, sodass viele in ihrem Berufsleben nicht nur einmal Arbeitsstelle und -ort wechseln. Mit jedem Neubeginn an einem anderen Ort ist ein mühsames Suchen nach neuen sozialen Kontakten verknüpft, die zudem anfangs häufig oberflächlich sind und erst mit der Zeit an Tiefe gewinnen. Die besondere Qualität der Beziehung zu Ihrer Patenfamilie besteht in der hohen Verbindlichkeit und Langfristigkeit, denen auch Ihre nächsten Stellen- oder Ortswechsel nichts anhaben können. Ihr Patenkind und seine Eltern meinen es ernst mit Ihnen!

3. Die Beziehung zum Patenkind wächst und gedeiht

Ein weiterer guter Grund dafür, Patenonkel oder Patentante zu sein: Sie dürfen sich wichtig fühlen! Für die meisten Patenkinder sind Paten zentrale Personen in ihrem Leben, etwa so wie die Großeltern. Sie unterscheiden klar zwischen den eigenen Paten und Patinnen und anderen erwachsenen Freunden ihrer Eltern. Auch leibliche Tanten und Onkel werden, wenn sie Paten sind, noch einmal aufgewertet. Es geht den Kindern dabei wohl darum, eine erwachsene Person zu haben, die speziell ihnen zugeordnet ist: »Das ist MEINE Patentante!« Die Kinder wissen das besondere Interesse der Paten sehr zu schätzen und sie geben im Ausdruck ihrer Freude und ihres Stolzes, gerade Sie als Paten oder Patin zu haben, auch Ihnen das gute Gefühl, eine entscheidende Rolle in ihrem Leben zu spielen.

4. »Wie macht ihr das denn?«

Wenn Sie eine eigene Familie mit Kind oder mehreren Kindern haben, gewinnen Sie mit Ihrer Patenschaft die Möglichkeit, auch einmal in den Alltag einer anderen Familie intensiven Einblick zu erhalten. Sie haben besser als bei manchen anderen Bekannten die Gelegenheit, Ihren eigenen Familienstil mit dem der Patenfamilie zu vergleichen und sich über Unterschiede auszutauschen. Das enge Vertrauensverhältnis erlaubt auch die gegenseitige Beratung bei Schwierigkeiten aller Art. Wenn Ihre Kinder ungefähr im selben Alter wie Ihr Patenkind sind, entwickeln sich aus regelmäßigen und intensiven Begegnungen beider Familien auch Freundschaften unter den Kindern.

5. »Ich heirate (fast) eine Familie«

Wer keine eigenen Kinder hat, hat einen weiteren guten Grund, eine Patenschaft einzugehen. Das Patenamt gibt Ihnen viele Gelegenheiten, das Aufwachsen eines Kindes ganz aus der Nähe mitzubekommen und aktiv zu begleiten. Sie erleben, wie Ihr Patenkind sich die Welt aneignet, und erinnern sich dabei vielleicht auch an Fragen und Erlebnisse aus Ihrer eigenen Kindheit. Da Sie als Patentante oder Patenonkel gefragt sind, Ihrem Patenkind auch als geistig-philosophischer Begleiter oder als Gesprächspartner in Glaubensfragen zur Seite zu stehen, kann Ihr Patenamt auch eine Chance sein, sich selbst aufs Neue über die eigenen Werte und (Glaubens-)Grundsätze klar zu werden. Was ist das »Beste«, das Sie sich für Ihr Patenkind wünschen? Außerdem haben Sie endlich einen guten Anlass, nach Jahren wieder auf Ihrem Dachboden nach der alten Playmobil-Kiste zu suchen, Drachen steigen zu lassen und sich schon mal im Memoryspielen zu üben!

6. »Es gibt ein Leben neben dem Beruf«

Wer beruflich stark eingebunden ist, kennt das vielleicht: Die hohen Anforderungen und die Hektik im Beruf nehmen uns häufig mit Haut und Haar in Anspruch. Gerade Berufseinsteiger stürzen sich gerne ganz in das Arbeitsleben und vergessen darüber fast, dass es neben der Arbeit auch andere Lebensbereiche gibt. Der Kopf ist voll, die Aufmerksamkeit ausschließlich auf die Anforderungen des Berufs ausgerichtet, Abschalten fällt zunehmend schwer. Ihre neue Rolle als Patenonkel oder Patentante bietet Ihnen hier gute Anlässe, das Leben neben dem Beruf wieder wichtiger zu nehmen und außerberufliche Fähigkeiten und Interessen an sich wiederzuentdecken. Die hohe Verbindlichkeit, die Sie mit der Übernahme der Patenschaft für Ihr Patenkind eingegangen sind, zwingt Sie dazu, das zu tun, was sie sich selbst schon längst vorgenommen, aber nie verwirklicht hatten: die Arbeitsunterlagen auch einmal ein ganzes Wochenende wegzulegen!

7. »Das kann ich besser!«

Wer selbst in seiner Kindheit und Jugend keine oder nur wenig leidenschaftliche Paten hatte und den Geschwistern und Freunden die engagierten Patentanten und -onkel neiden musste, der kennt den einfachsten überzeugenden Grund, eine Patenschaft zu übernehmen: es einfach selbst besser zu machen!

Warum Paten auswählen? Die Sicht der Eltern

Wenn ein Kind geboren wird, stellt sich bald die Frage, auf welche Weise der neue Erdenbürger feierlich begrüßt und eventuell der Familie vorgestellt werden soll. Wenn Eltern sich dafür entscheiden, ihr Kind taufen zu lassen, können sie dabei auf viele vorgegebene Muster zurückgreifen: Da gibt es ein Taufgespräch mit dem Pfarrer, eine festgelegte Zeremonie im Gottesdienst, anschließend das traditionelle Kaffeetrinken in der Familie – und nicht zuletzt die Auswahl und Einsetzung der Paten. Wenn Eltern dagegen ihr Kind nicht taufen lassen wollen, finden sie keine ähnlich gängigen Rollenmodelle. Sie müssen eigene Alternativen zu Taufe und Taufpatenschaft auf den Weg bringen. Beispielsweise, indem sie – was mehr und mehr so praktiziert wird – »weltliche Paten« ohne kirchlichen Hintergrund für ihr Kind benennen.

Ganz am Anfang der Auswahl von Paten steht also eine erste Entscheidung: Soll überhaupt ein wie auch immer ausgestaltetes Willkommensfest gefeiert werden, in dessen Rahmen Paten benannt werden sollen?

Befragt man Eltern, die keine Paten für ihre Kinder ausgewählt haben, so können sie in der Regel keine ausdrücklichen Gründe dafür nennen. Sie haben sich meist nicht bewusst gegen Paten entschieden, sondern vielmehr überhaupt keine Entscheidung gefällt. Manche Eltern bedauern später, dass sie das Nachdenken über eine solche Begrüßungszeremonie für das Kind immer wieder hinausgezögert haben. Irgendwann finden sie es dann zu spät, noch ein Willkommensfest zu feiern, weil das Kind vielleicht bereits zwei oder drei Jahre alt ist.

Selbstverständlich ist es eine individuelle Entscheidung der Eltern, Paten für ihr Kind zu wählen oder nicht. Wir empfehlen Ihnen aber, diese Frage genau zu erörtern und eine bewusste Entscheidung dafür oder dagegen zu treffen.

Was erwarten Eltern von Paten?

Wenn Sie sich dafür entschieden haben, Paten für Ihr Kind zu suchen, so ergibt sich daraus die große neue Frage, wen Sie als Patentante oder Patenonkel Ihres Kindes in Betracht ziehen wollen. Was ist wichtig bei der Auswahl der Paten und welche Erwartungen können und wollen Sie an diese Paten stellen?

Viele Eltern haben keine klaren Erwartungen an Paten. Zwar haben viele einmal selbst Paten gehabt und so eigene Erfahrungen gesammelt. Dennoch bleiben die Vorstellungen vom idealen Paten für ihre eigenen Kinder häufig vage. Ein Vater formulierte das so: »*Ich weiß gar nicht so genau, was die Paten machen sollen. Das ist so ähnlich wie die Klassensprecherwahl in der Grundschule. Man wählt da jemanden, aber es ist gar nicht ganz klar, was der tun soll.*« Geht es Ihnen auch so? Damit die Rolle der Paten etwas an Profil gewinnt, stellen wir hier einige mögliche Erwartungen an Paten vor.

»Umfassender Schutz für unser Kind«

Eine zentrale Motivation von Eltern, Paten auszuwählen, ist der Wunsch, ihren Kindern Schutz zu bieten. Interessanterweise beschreiben auch manche nichtreligiöse Eltern, die bewusst keine Taufe für ihre Kinder wählen, in dieser Hinsicht ein »irgendwie religiöses Gefühl«. Das scheint zunächst paradox, da sie sich ja von Religion und Kirche abgrenzen. Dahinter steckt vermutlich die Erkenntnis, dass auch die engagiertesten Eltern ihre Kinder nicht immer vor allem behüten können, und gleichzeitig der starke Wunsch, das eigene Kind möge dennoch umfassenden Schutz genießen. Das Schutzbedürfnis ist ein Aspekt, den viele Menschen mit Religion verbinden: Gott soll beschützen.

Aus diesem Bedürfnis heraus werden auf einer alltagspraktischen Ebene Taufpaten ausgewählt, denen ebenfalls eine Schutzfunktion für das Kind zugedacht wird. Daher kommt etwa die traditionelle Vorstellung, dass Paten sich um das Kind kümmern, falls den Eltern etwas zustößt.

»Gemeinschaft für unser Kind«

Ein zweites Motiv, Paten für das eigene Kind auszuwählen, ist der Wunsch nach Gemeinschaft. Dieser ist wiederum eng mit dem oben genannten Schutzbedürfnis verbunden, denn Gemeinschaft bietet Schutz und Geborgenheit. Auch den Wunsch nach Gemeinschaft beziehen Eltern (unter anderem) auf die Paten. Sie wünschen sich von Paten – und bei Taufen und Namensfesten von der gesamten Gemeinde, der Familie und dem Freundeskreis –, dass sie sich auch um das Kind kümmern und Teil einer Gemeinschaft des Kindes werden, in der es sich gut aufgehoben fühlen kann.

»Die Welt ist bunt!« – Vielfalt vorstellen

Manchmal wählen Eltern ganz bewusst eine Patentante oder einen Patenonkel für ihr Kind aus, der oder die eine andere Art Leben führt als die eigene Familie. Das Kind lernt dadurch die mögliche Vielfalt von Lebensentwürfen kennen und schätzen. Der Patenonkel lebt vielleicht alleine, die Patentante in einer gleichgeschlechtlichen Beziehung, ein weiterer Patenonkel in einer Ehe ohne Kinder. Oder Pate und Patenkind leben an ganz verschiedenartigen Orten (in einer Großstadt, auf einem Dorf), die Eltern und Paten arbeiten in ganz unterschiedlichen Bereichen oder haben überhaupt andere Vorstellungen vom Stellenwert von Beruf und Freizeit. Die Patinnen und Paten können sich von der Patenkindsfamilie auch darin unterscheiden, welche Mentalität sie haben (zum Beispiel mutig oder bedächtig, ein Genussmensch oder eher diszipliniert und streng gegen sich) oder, allgemein gesprochen: was ihnen wichtig ist im Leben.

Für sogenannte »Regenbogen-Familien« (zwei Frauen mit Kindern oder zwei Männer mit Kindern) können der Patenonkel oder die Patentante dabei eine ganz besondere Chance darstellen: Patenonkel oder Patentante können dem Kind das jeweils gegengeschlechtliche Rollenvorbild sein. Paten können ein Teil der Vielfalt heutiger Familienkonzepte sein.

»Zuverlässigkeit und Verantwortungsbereitschaft«
Damit verbunden ist die Erwartung der Eltern, dass Paten langfristig Verantwortung für das Patenkind übernehmen und dabei zuverlässig sind. Es wird als wichtig erachtet, dass das Kind sich auf die Beziehung zum Patenonkel oder zur Patentante einstellen kann. Eine Mutter, die keine Paten für ihre Kinder ausgewählt hat, fühlt sich durch die Unzuverlässigkeit einer Freundin bestätigt und beschreibt ihre Erfahrung so:

»Beim ersten Kind waren wir etwas enttäuscht. Eine sehr gute Freundin von uns hatte mit Begeisterung angekündigt, uns regelmäßig zu besuchen und auf das Kind aufzupassen. Die Begeisterung ließ sehr schnell nach. Wir sehen sie kaum noch und sie zeigt wenig Interesse an unserem Kind. Sie wäre jemand gewesen, den wir uns als Patin hätten vorstellen können. Jetzt sind wir eigentlich froh, dass wir das nicht gemacht haben. Ich weiß nicht, ob der Kontakt enger geblieben wäre, wenn wir sie richtig zur Patin benannt hätten.«

Auch eine Patenschaft kann sicherlich keine Garantie für Verantwortungsbereitschaft und Zuverlässigkeit sein. Zumindest aber ermöglicht die feierliche Benennung eines Paten oder einer Patin, dass anfangs konkrete Erwartungen formuliert und Enttäuschungen gegebenenfalls später angesprochen werden können; denn ohne ein Versprechen eines Freundes, ein Patenamt zu übernehmen, kann man ihn auch an kein Versprechen erinnern.

»Ein Vertrauensverhältnis«

Die beste und vielleicht einzige Sicherheit für Verlässlichkeit in der Patenschaft ist das Vertrauen. Eltern erwarten, dass sie den Paten ihrer Kinder vertrauen können. Vertrauen entsteht dadurch, dass sich zwei Menschen »vertraut machen«. Eltern werden natürlich keine Paten auswählen, die ihnen nicht schon in gewissem Maß vertraut sind. Ihre Erwartung ist aber, dass diese Vertrautheit durch das Patenamt noch weiter ausgebaut wird und dass sie sich auch auf das Kind überträgt. Sie erhoffen sich, dass die Paten hier Initiative ergreifen. Insbesondere wenn das Kind noch sehr jung ist und die Eltern intensiv mit der neuen Familiensituation beschäftigt sind, ist es eher die Aufgabe der Paten, auf das Patenkind und die Eltern zuzugehen.

In dem Bedürfnis nach Vertrautheit spiegelt sich eine Sehnsucht wider, die Antoine de Saint-Exupéry in »Der kleine Prinz« ausdrückt, wenn er in einer bekannten Szene die Vertrautheit des kleinen Prinzen mit seiner Rose auf seinem kleinen Planeten so beschreibt: »Du bist zeitlebens für das verantwortlich, was du dir vertraut gemacht hast. Du bist für deine Rose verantwortlich.« Leider gibt es keine allgemeingültige »Technik«, wie man sich am besten vertraut macht.

Die Vertrautheit und Nähe zwischen Eltern, Paten und Patenkind ist dabei natürlich beidseitig; denn nur, wenn auch die Paten die Beziehung zur Patenfamilie als bereichernd empfinden, werden sie auch langfristig Spaß an ihrer Rolle haben. Einige Eltern wählen bei der Auswahl der Paten etwa gezielt Menschen, die selbst keine Kinder haben und die ihren Patenkindern somit vielleicht eine besondere Bedeutung beimessen.

Wie wähle ich die richtigen Paten aus?

Neben den hier genannten Erwartungen gibt es sicher noch eine Vielzahl weiterer Vorstellungen, wie ein idealer Pate sein sollte. Ihre Erwartungen sollten durchaus anspruchsvoll sein, aber erwarten Sie andererseits auch nicht zu viel vom Patenonkel oder der Patentante Ihres Kindes: Die oben genannten Dinge sind eine Sammlung von Meinungen vieler Menschen. Ein einziger Pate kann sicherlich nicht alle Erwartungen alleine erfüllen. Die Frage ist vielmehr: Was ist Ihnen am wichtigsten, und wie wählen Sie danach die richtigen Paten aus?

Es gibt kein Patentrezept für die Auswahl von Paten. Hilfreich kann bei der Suche aber sein, sich eine Reihe von Fragen zu stellen:

- Soll der Pate ein Familienangehöriger oder ein Freund beziehungsweise eine Freundin sein?
- Wie wichtig ist Ihnen der regelmäßige Kontakt zwischen Pate und Patenkind? Kann der Pate diese Erwartung zum Beispiel hinsichtlich des Wohnortes oder eigener beruflicher und familiärer Verpflichtungen erfüllen?
- Möchten Sie durch die Patenschaft zu einer bestimmten Person aus Familien- oder Freundeskreis eine langfristige Nähe aufbauen?

- Haben Sie das Gefühl, sich einer bestimmten Person verpflichtet zu fühlen, sie als Pate zu benennen (zum Beispiel weil diese auch Sie zum Paten gemacht hat)?
- Spielt es eine Rolle, ob es ein Mann oder eine Frau ist?
- Wie groß ist das Vertrauen in die Person?
- Wie wichtig ist Ihnen die christliche Erziehung durch den Paten? Sollte der Pate eine bestimmte Konfession oder Weltanschauung haben?
- Sollte der Pate einen ähnlichen Lebens- und Erziehungsstil haben wie Sie oder sollte er bewusst anders sein?
- Wie wichtig ist es Ihnen, dass Sie auch die Familie des Paten gut kennen und mögen?
- Was sind Ihre drei wichtigsten Erwartungen an die Paten? Schreiben Sie die Erwartungen auf und besprechen Sie diese mit Ihrem Partner beziehungsweise Ihrer Partnerin oder mit Freunden.

Eines ist sicher: Mit der Benennung eines oder mehrerer Paten für Ihr Kind wird Ihr Familienleben reicher!

Sieben gute Gründe, Paten für meine Kinder zu benennen

1. Gemeinsame Unternehmungen mit Paten machen Spaß

Ausflüge der Eltern mit ihren Kindern sind wunderbar. Aber manchmal kann es noch mehr Spaß machen und abwechslungsreicher sein, wenn auch andere Menschen dabei sind. Bei dem nächsten Spaziergang, dem nächsten Besuch im Kino, der nächsten Radtour oder dem nächsten Urlaub kommen der Pate oder die Patin mit!

2. Paten bieten meinem Kind eine langfristige und regelmäßige Beziehung

Soziale Beziehungen sind zunehmend schnelllebig. Menschen wechseln die Wohnorte, die Arbeitsstellen, lernen dadurch andere Menschen und andere Lebensweisen kennen. Langfristige und regelmäßige Beziehungen sind selten und müssen gepflegt werden. Jemanden als Paten oder Patin für sein Kind zu benennen, ersetzt diese Pflege nicht, aber es ist eine öffentliche Ankündigung von beiden Seiten, dass hier langfristig eine besondere Beziehung bestehen soll. Das ist für das Patenkind schön, es ist aber auch wertvoll für das Verhältnis zwischen Eltern und Paten.

3. Paten hören meinem Kind zu

Es gibt Dinge, die erzählen Kinder ihren Eltern nicht. Oder sie erzählen es Eltern anders als anderen Menschen. Andersherum gibt es auch Momente, in denen man als Vater oder Mutter kein guter Zuhörer ist – vielleicht, weil man überfordert ist, andere Sorgen hat, sich gerade über das Kind ärgert oder Ähnliches. Für Eltern ist es beruhigend zu wissen, dass hin und wieder ein kleiner Teil der Verantwortung abgegeben werden kann: »Da ist noch jemand, der meinem Kind zuhört und es unterstützt.«

4. Paten hören mir zu

Eltern sein ist manchmal schwer. Herausforderungen der Erziehung, Kummer der Kinder und eigene Sorgen – Menschen brauchen zu bestimmten Zeiten ein Gegenüber, um sich Rat zu holen, um eine zweite Meinung einzuholen oder um sich auch nur einmal eine Sorge von der Seele zu reden. Die Paten haben sich bereit erklärt, für ihre Patenkinder da zu sein. Somit können sie bei allen Themen, die die Kinder betreffen, auch wertvolle Ansprechpartner für die Eltern sein.

5. Paten kümmern sich um unser Kind, wenn uns etwas zustößt

Häufig wird diese Vorstellung mit der Patenschaft verbunden: Wenn den Eltern etwas zustößt, sorgen die Paten für das Kind. Das ist mit dem kirchlichen Patenamt, wie schon beschrieben, nicht automatisch verbunden. Dennoch mag es eine sinnvolle Überlegung sein, die auch die Eltern beruhigen kann. Allerdings sollte das nicht allein die Auswahl der Paten bestimmen. Wenn nämlich die Frage »Wer wird Pate oder Patin?« gleichgesetzt wird mit der Frage »Wem würde ich im Ernstfall auch mein Kind anvertrauen?«, kann der eigentlich feierliche und fröhliche Moment der Benennung von Paten schnell überschattet und bedrückend sein. Es ist auch fraglich, ob die Erwartungen an einen Paten nicht vielleicht ganz andere sind als die an »Ersatzeltern«. Wenn Eltern sich auf diese Funktion aber festlegen wollen, ist das ein großer Vertrauensbeweis für die Paten. Wer sich tatsächlich entscheidet, dass das Kind im Todesfall der Eltern bei einem der Paten leben soll, sollte dies in jedem Fall mit dem Paten absprechen und darüber eine schriftliche Willenserklärung verfassen.

6. Paten haben Rechte gegenüber den Eltern

Die Paten haben durch ihre Rolle ein Recht, sich um das Kind mit zu kümmern. Sie dürfen und sollen durchaus ihre Meinung zur Erziehung und zum Lebensstil des Patenkindes sagen. Es geht hier nicht darum, den Eltern in das Familienleben »hineinzureden«. Eltern können die Beobachtungen und Anregungen der Paten aber durchaus als konstruktive Rückmeldung wertschätzen. Das kann für Eltern – auch wenn sie es in dem Moment manchmal nicht hören wollen – eine sehr wichtige Korrekturfunktion haben.

Zu bedenken ist dabei: Die Rechte von Paten sind keine »Gesetze«. Sie sind Abmachungen, über die sich Eltern und Paten verständigen müssen. Paten können also nicht auf »Rechte« pochen, dafür aber darauf verweisen, dass ihnen auf Wunsch der Eltern diese besondere Rolle zugeschrieben wurde.

7. Paten haben Pflichten gegenüber den Eltern

Was für die Rechte der Paten gilt, gilt umgekehrt auch für deren Pflichten. Auch diese sind nicht zwingend, es geht wiederum um die Verantwortung, die Paten durch das Eingehen des Patenamtes dem Kind und damit auch den Eltern gegenüber übernehmen. Wenn also Eltern Unterstützung bezüglich ihres Kindes brauchen, können Paten eine sichere Stütze sein, auf die Eltern zählen können. Allerdings sollte nicht vergessen werden: Die Verbindlichkeit und Verantwortung der Paten ist eine ebenso wertvolle wie sensible Sache. Sie muss – wie jede soziale Beziehung – beiderseitig gepflegt werden.

Was macht die Lieblingspaten aus? Patenkinder haben das Wort

Eltern denken bei der Auswahl von Paten für ihr Kind zwar darüber nach, wie das eigene Verhältnis zu den möglichen Paten ist, ob sie sich mögen und gut verstehen, wie gut man sich kennt und vielleicht noch, ob die Person »kinderlieb« ist. Viele vergessen dabei, sich bei ihrer gemeinsamen Entscheidung über die Patenschaft in das Kind hineinzuversetzen und zu überlegen, was aus Sicht des Kindes für das Patenverhältnis wichtig ist.

Aus diesem Grund kommen im Folgenden auch drei Patenkinder zu Wort: der zehnjährige Lukas, die 16-jährige Marie sowie Daniel, ein bereits erwachsenes Paten-»Kind«. Aus diesen »O-Tönen« und aus weiteren Gesprächen mit Patenkindern haben wir am Ende des Kapitels »Sieben gute Gründe, Paten zu haben« zusammengestellt. Diese geben sowohl Eltern als auch (werdenden) Paten einen Einblick, was Patenkindern an ihren Paten wichtig ist.

Dass in den Berichten der drei Patenkinder viel von deren Paten*tanten* die Rede ist, ist kein Zufall. Insbesondere in den älteren Generationen sind vor allem Frauen als Patinnen ausgewählt worden oder engagierter in Erscheinung getreten als die Patenonkel. Heute treffen wir auch immer mehr begeisterte und einsatzbereite Patenonkel an. Aber auch bei den jüngeren Kindern sind die männlichen Paten dennoch weiterhin in der Unterzahl.

Lukas, 10 Jahre

Ich habe einen Patenonkel, Thomas, und eine Patentante, Tante Ursula. Thomas ist 36 Jahre alt und ist der beste Freund von Papa. Wenn Thomas kommt, spielen wir immer Fußball. Er ist Fußballfan und durfte als Junge nicht in den Fußballverein, weil seine Eltern das nicht wollten. Er hat mir immer versprochen, wenn ich in den Fußballverein will, würde er dafür sorgen, dass ich das auch darf. Aber meine Eltern waren gar nicht dagegen. Thomas spielt voll gut. Von ihm habe ich ein Fußballtrikot geschenkt bekommen.

Er kommt uns aber nicht oft besuchen. Mama sagt, er arbeitet viel. Und oft kommt er dann auch erst abends, dann muss ich ins Bett, und er geht mit Papa weg. Aber er hat versprochen, dass wir in dieser Spielzeit mal zusammen zu Schalke gehen. Darauf freue ich mich.

Mit Thomas waren wir auch schon mal im Urlaub, in Holland. Da hat er ein Zelt mitgebracht, und das haben wir dann zusammen aufgebaut. Eine Nacht haben wir zwei dann im Zelt geschlafen, im Garten von dem Ferienhaus. Das war spitze. Da haben wir dann auch Radtouren gemacht. Und wir haben zusammen meinen Drachen steigen lassen. An der Schnur haben wir einen Zettel in den Himmel geschickt. Ich wusste nicht, dass das geht, aber Thomas hat erklärt, dass der Zettel, den wir eingerissen haben und an die Drachenschnur geklemmt haben, durch den Wind nach oben getrieben wird. Thomas ist echt cool.

Tante Ursula ist ganz anders. Die ist schon älter. Sie ist die Schwester von Mama. Tante Ursula kann super basteln. Wenn wir was für die Schule basteln mussten, hat sie mir manchmal geholfen. Wir mussten zum Beispiel für Erdkunde mal einen Deich aus Pappe bauen, das habe ich mit Tante Ursula zusammen gemacht. Zum Geburtstag bringt sie mir auch oft was zum Selbermachen mit, zum Beispiel ein Modellflugzeug, das man selbst zusammenkleben musste.

Bei Tante Ursula habe ich auch schon mal gewohnt. Februar und März. Mama war krank und musste ins Krankenhaus. Und Papa musste ja weiter arbeiten. Da habe ich dann so lange bei Tante Ursula gewohnt, bis Mama wieder aus dem Krankenhaus kam.

Ich finde es zu Hause schöner, aber sie war immer sehr nett zu mir. Sie wohnt weiter von meiner Schule weg als wir, sodass sie mich immer zur Schule gebracht hat. Nach der Schule musste ich immer sofort Hausaufgaben machen. Das fand ich nicht so gut. Da ist Tante Ursula zu streng, finde ich. Aber nachmittags haben wir ganz oft Kuchen gebacken, das war echt super. Das hat toll gerochen beim Backen und ich habe ihn selbst aus dem Ofen geholt. Zu Hause machen wir so was nie selbst. Einen Kuchen haben wir dann auch Mama ins Krankenhaus gebracht.

Sonntags sind wir immer in die Kirche gegangen. Das fand ich langweilig. Meine Eltern gehen mit mir sonst fast nie in die Kirche, aber Tante Ursula immer. Sie ist katholisch. Ich bin aber evangelisch, weil mein Papa evangelisch ist. Der sagt immer, das ist egal, ob man evangelisch oder katholisch ist. Was der Pfarrer da im Gottesdienst gesagt hat, habe ich eigentlich nicht verstanden. Aber die Musik fand ich schön. Auch wenn ich die Lieder nicht kannte, habe ich versucht, mitzusingen. Wie in der Schule im Chor.

Ich wünsche mir, dass ich mal was mit Thomas und Tante

Ursula zusammen unternehme. Aber ich weiß noch nicht, was – Tante Ursula spielt, glaube ich, kein Fußball.

Marie, 16 Jahre

Meine Patentante heißt Elisabeth, und sie ist die Schwester von Papa. Sie hat keine eigenen Kinder. Bei der bin ich manchmal am Wochenende. Das ist nicht so weit weg, wo sie wohnt.

Einmal war ich mit ihr sogar zusammen im Urlaub. Das war so eine Reisegruppe in Italien, mit der man wandern und Städte angucken konnte, und abends haben wir immer gespielt. Da wurde sie natürlich von den anderen immer für meine Mutter gehalten. Ist sie aber nicht! Ich weiß nicht, ob ich mir das so gut vorstellen könnte, alleine mit meiner Mutter unterwegs zu sein. Also eher nicht zurzeit. Irgendwie ist das lockerer mit der Eli.

Die traut mir auch mehr zu als meine Eltern. Die sagen nämlich schnell zu mir: »Ach, dazu hast du ja eh wieder keine Lust« und machen dann gar nichts Neues mehr mit mir. Die Eli dagegen weiß ja gar nicht soooo genau, bei was ich alles allergisch reagiere normalerweise, und dadurch machen wir dann manchmal am Wochenende zusammen Sachen, die ich mit meinen Eltern schon lange nicht mehr gemacht habe. Zum Beispiel einen langen Schneespaziergang oder ins Theater gehen. Meine Eltern staunen dann manchmal, was wir da so gemacht haben. Die tun so, als ob sie uns das gar nicht glauben. Na, es kann schon sein, dass ich mich bei der Patentante ein bisschen mehr zusammenreiße als bei meinen Eltern. Aber mit der machen solche Sachen dann auch mehr Spaß.

Manchmal machen wir auch gar nichts Besonderes zusammen, sondern arbeiten bei ihr im Garten. Einmal, da haben wir ein Zimmer gestrichen. Das mache ich dann ihr zuliebe und weil sie mich das auch selbst machen lässt und nicht gleich bei jeder Kleinigkeit, die vielleicht danebengeht, die Nerven verliert.

An Eli ist auch toll, dass sie mit mir manchmal in ein Café geht. Dann sitzen wir da und lesen beide Bücher oder sie Zeitung und ich schreibe einer Freundin einen Brief, das ist sehr gemütlich. Wenn ich was lese, dann fragt sie mich auch immer, was ich gut daran finde und warum. Und sie schenkt mir immer gute Sachen zum Geburtstag, weil sie meistens weiß, was ich gerade gerne mache oder für was ich mich gerade interessiere. Das finde ich das Beste an meiner Patentante: dass sie das meiste an mir erst mal gut findet. Zumindest sagt sie mir immer, wenn sie findet, dass ich etwas gut gemacht habe.

Neben der Elisabeth habe ich noch einen Patenonkel. Der Patenonkel hat eine Frau und vor allem zwei ziemlich nette Töchter, und deshalb habe ich immer viel Spaß, wenn uns mein Patenonkel mit seiner Familie besuchen kommt. Es ist dann schon so, dass der Patenonkel eher meine Eltern besuchen kommt. Der ist nämlich ein guter Freund von Mama von früher. Seine Kinder kommen dann dafür richtig mich besuchen oder wir sie. So oft kommen die jetzt auch nicht zu uns, vielleicht so einmal im Jahr. Aber das ist dann immer lustig. Isabel, einer der beiden Töchter, schreibe ich auch öfter Mails oder wir telefonieren. Die wohnen in Nürnberg, also einer größeren Stadt als hier bei uns. Da ist es auch toll, sie mal alleine zu besuchen, ohne meine Eltern. Das habe ich zwar noch nicht gemacht, aber das wäre überhaupt mal eine Idee.

Bei meinem Patenonkel war noch praktisch, dass er für mich ein Schnupperpraktikum in einer Behinderteneinrichtung hier in der Nähe organisiert hat. Er ist nämlich da in Nürnberg der Leiter von so einem anderen Heim von der gleichen Firma, sodass er für mich in dem Heim hier bei uns nachgefragt hat. Das war schon besser, als wenn meine Eltern das für mich gemacht hätten. Ich konnte dann sogar noch eine Freundin aus meiner Klasse zum Praktikum mitbringen.

Daniel, 32 Jahre

Daniel hat mittlerweile selbst einen Sohn, für den er und seine Partnerin zwei »weltliche« Paten ausgewählt haben. Seine beiden Patentanten sind leibliche Verwandte von Daniel: seine Großcousine und seine Oma.

Meine Oma war immer nur meine Oma. An sie habe ich nur »Oma-Erinnerungen«. Sie spielte nie eine Rolle als Patentante für mich. Als Patenschaft war es nicht sehr bereichernd, weil mein Kontakt zu meiner Oma ohnehin immer sehr intensiv war. Deswegen haben wir auch für unseren Sohn Paten aus dem Freundeskreis ausgewählt. Wir fanden nämlich, dass durch die Doppelrolle von engen Familienangehörigen, die zugleich Paten sind, das Besondere des Patenamtes verloren geht.

Dabei hat meine Oma aber durchaus »klassische« Funktionen einer Patentante übernommen, insbesondere die christliche Erziehung. Das hätte meine Oma aber sicher auch gemacht, wenn sie nicht zusätzlich Patentante gewesen wäre.

Ihr war der christliche Glaube nämlich sehr wichtig. Sie hat mir Gebete beigebracht. Wenn ich bei ihr übernachtet habe, hat sie abends mit mir »Ich bin klein, mein Herz ist rein« gebetet. Und wir sind häufig sonntags zusammen in die Kirche gegangen. Sie hat mich zum Kindergottesdienst gebracht, ist dann selbst in die Kirche gegangen und hat mich hinterher wieder abgeholt. Das sind schöne Erinnerungen. Ich fand es gut, dass meine Oma versucht hat, mir den Glauben nahezubringen, auch wenn inzwischen der Glaube für mich keine Rolle mehr spielt. Ich finde es wichtig, dass Kinder etwas über die Religion lernen und das Leben in einer christlichen Gemeinde kennenlernen können. So konnte ich später zumindest bewusst entscheiden, ob ich weiter aktiv am kirchlichen Leben teilnehmen möchte oder nicht. Schade finde ich, dass meine beiden Patentanten natürlich christlich waren, so habe ich über andere Religionen nichts gelernt.

Meine zweite Patentante, Tante Inge, war immer ganz klar »die Patentante« – obwohl sie ja auch aus der Verwandtschaft kam. Sie wohnte in unserer Nachbarschaft, und ich habe sie relativ regelmäßig besucht, meist einmal im Monat. Zuerst bin ich immer mit meiner Mutter zu Tante Inge gefahren. Später, als ich vielleicht so neun oder zehn Jahre alt war, bin ich dann auch allein hingefahren. Dann haben meine Patentante und ich Dinge gemeinsam unternommen. Zum Beispiel sind wir im Sommer gemeinsam ins Freibad gegangen. Meine Mutter hätte nie mit mir einen ganzen Tag im Freibad verbracht. Außerdem war das interessant, weil sie dann immer einen Picknick-Korb gepackt hat, in dem ganz andere Dinge drin waren, als es bei uns zu Hause gab. Andere Dinge zu essen und zu trinken. Zum Beispiel ganz andere Süßigkeiten. Sie hatte immer so richtige Kinder-Süßigkeiten – ganz saures Lakritz und quietschig buntes Weingummi –, während meine Mutter immer nur die Dinge kaufte, die sie auch selbst gerne mochte.

Sehr wertvoll für mich war, dass meine Patentante eine Ansprechpartnerin für mich war. Meine Schwester und ich sind allein mit meiner Mutter aufgewachsen, ohne Vater. Meine Mutter hatte daher sozusagen kein »Korrektiv« bei der Erziehung, niemand, der mal eine zweite Meinung neben der von meiner Mutter eingebracht hätte. So hat meine Patentante durchaus manchmal zwischen mir und meiner Mutter vermittelt. Sie war insbesondere dann eine Ansprechpartnerin für mich, wenn Meinungsverschiedenheiten mit meiner Mutter so festgefahren waren, dass ich sie selbst nicht mehr lösen konnte.

Meine Patentante war ein ganz anderer Typ Mensch als meine Mutter und hat somit manchmal andere Dinge für mich abgedeckt. Sie war nicht so rational wie meine Mutter. Mit ihr konnte ich viel besser über Gefühle reden. Sie hat mich – obwohl ich doch so viel jünger war – auch an ihrem Gefühlsleben teilhaben lassen. In gewisser Weise hat meine Patentante da weitergemacht, wo meine Mutter aufgehört hat zu reden. Ich erinnere mich zum Beispiel noch genau daran: Als ich 13 war, habe ich mich unsterblich in eine Klassenkameradin verliebt, die mich aber komplett ignoriert hat. Meine Mutter hat das abgetan mit dem Kommentar: »So ist das mit der Liebe. Und andere Mütter haben auch schöne Töchter.« Mit meiner Patentante konnte ich dann aber über solche Dinge sprechen – und sie hat mich auch danach gefragt.

Eigentlich hatte ich noch so etwas wie eine dritte Patentante. Man könnte sagen eine selbsternannte »Wunsch-Patentante«. Sie war die Patentante meiner Schwester. Diese Patentante war jünger, also meiner Generation etwas näher als meine andere Patentante. Sie hatte zwei Kinder in meinem Alter. Meiner Schwester hat sie immer tolle Geschenke gemacht. Sie waren nicht unbedingt wertvoll, aber sie waren besonders. Es war meist nicht ein einzelnes großes Geschenk, sondern ein Karton voll mit kleinen, bunt eingepackten Dingen. Das war toll. Es waren persönliche Geschenke, bei denen man gemerkt hat, dass sie sich darüber Gedanken gemacht hat, was ihr Patenkind wohl wirklich erfreuen könnte.

Einer ihrer Söhne war schon damals immer sehr intellektuell. Er hat seiner Mutter immer Buchempfehlungen gemacht, die sie mir dann zum Geburtstag geschenkt hat. Das waren Bücher, die mich wirklich interessiert und gedanklich angeregt haben.

Diese Patentante meiner Schwester wohnte etwas weiter entfernt, sodass meine Schwester und ich dort öfter für ein ganzes Wochenende blieben, in den Ferien sogar manchmal für eine Woche. Ich erinnere mich, dass wir dann alle zusammen ganze Abende lang Brettspiele gespielt haben. Dort gab es immer einen Vater mit am Tisch. Es war das, was ich mir unter klassischem Familienleben vorgestellt habe. Das habe ich sehr genossen. Es ist nicht so, dass ich die Eltern hätte tauschen wollen, nein, aber es war schön, auch diese Form des Familienlebens miterleben zu können.

Sieben gute Gründe Paten zu haben

1. »Paten sind für mich da!«

Wenn Probleme auftauchen, haben Paten ein offenes Ohr für ihr Patenkind. Sie hören ihm zu und helfen, eine Lösung zu finden. Sie reden auch mal mit den Eltern, wenn es nötig ist. Sie nehmen sich Zeit für ihr Patenkind. Es muss nicht unbedingt sehr viel Zeit sein. Mit etwas Regelmäßigkeit kann auch wenig Zeit zu einer intensiven Beziehung führen.

2. »Paten lassen mich an einem Stück ihres Lebens teilhaben!«

Es gibt keine bestimmte ideale »Paten-Persönlichkeit«. Gute Paten können sehr unterschiedlich sein: ein Patenonkel aus der Verwandtschaft, der in der Nachbarschaft wohnt und jede Woche mit dem Kind Fußballspielen geht. Oder eine Patentante, die eine alte Freundin der Eltern ist und nun in einem anderen Teil des Landes wohnt: Sie ruft nur ab und zu an, lädt dann aber das Kind für ein unvergessliches Wochenende in ihre Stadt ein. Beide zeigen dem Patenkind einen jeweils unterschiedlichen Ausschnitt aus dem Leben, aber beide lassen das Patenkind an ihrem eigenen Leben teilhaben und können so in ihrer Unterschiedlichkeit den Horizont ihres Patenkindes erweitern.

3. »Paten zeigen mir eine andere Lebensweise als meine Eltern!«

Kinder halten die Lebensweise, die sie in ihrer Familie kennenlernen, zunächst für das einzige und »normale« Lebensmodell. Nach und nach stellen sie fest, dass Menschen ihr Leben in sehr unterschiedlicher Weise gestalten: andere Berufe, andere Wohnformen, andere Hobbys, andere Redeweisen und so weiter. Wenn Paten ihrem Patenkind zeigen, wie sie leben, zeigen sie ihm damit auch, dass es viele verschiedene Lebensstile gibt, die gleichberechtigt nebeneinanderstehen können.

4. »Paten versetzen sich in meine Rolle!«

»Öffne deine Augen für meine Welt«, titelt ein Werbeplakat einer Entwicklungshilfeorganisation für die Übernahme von Patenschaften für afrikanische Schulkinder. Das passt auch auf die Form von Patenschaft, mit der wir uns beschäftigen: Patenkinder wünschen sich, dass ihre Paten versuchen, ihre Kinderperspektive zu verstehen. Das ist oft gar nicht leicht. Versuchen Sie einmal, sich im Detail zu erinnern, wie sie ein Familienfest empfunden haben, als Sie fünf Jahre alt waren. Wie haben Sie ein bestimmtes Spiel empfunden, als Sie acht Jahre waren? Oder überlegen Sie, wie sie als 14-jähriger Erwachsene wahrgenommen haben. Wenn es Situationen gibt, in denen Sie Ihr Patenkind nicht verstehen, sollten Sie ihm das sagen und darum bitten, seine Sichtweise genauer zu beschreiben.

5. »Paten machen meinen Eltern gute Laune!«

Der Vorteil für das Patenkind muss nicht immer direkt durch den Paten kommen. Auch die Entlastung der Eltern oder eine Konfliktvermittlung durch den Paten kann dem Kind zugutekommen, weil es die Stimmung zwischen Eltern und Kind verbessern oder entspannen kann.

6. »Paten feiern mit mir!«

Feiern sind wichtige Bestandteile im Leben von Kindern (natürlich auch von Erwachsenen). Geburtstage markieren Abschnitte im Leben des Kindes. Sie zollen ihm Anerkennung – das Kind wird »gefeiert«. Das gilt auch für andere Feste wie Weihnachten oder die Einschulung. Doch was sind Feste ohne feiernde Gäste? Paten sind ein fester Bestandteil dieser Feiern. Sie schreiben Gratulationskarten, schicken Päckchen, kommen zur Geburtstagsfeier und denken an das Kind.

7. »Paten machen mir Geschenke!«

Ein Teil der Anerkennung und der Freude über das Heranwachsen des Kindes können Paten durch Geschenke zum Ausdruck bringen. Heute liegen Schenken und Konsumterror oft eng beieinander. Leider denkt mancher häufig eher darüber nach, ob der Wert eines Geschenkes ausreicht, statt zu überlegen, ob es wohl gut zu der Person passt, die beschenkt werden soll. So können bunt eingepackte Kleinigkeiten einem Kind vielleicht mehr Freude bereiten als ein wertvolles Standardgeschenk.

Sonderfall Erwachsenentaufe: Paten als Wegbegleiter in den Glauben

In vielen Freikirchen ist nicht die Kindstaufe, sondern die Taufe von Erwachsenen auf deren eigenen Beschluss vorgesehen. Aber auch in den Landeskirchen ist die Erwachsenentaufe und damit der selbstgefasste Entschluss zum Eintritt in die Kirche möglich.

In der Evangelischen Kirche Deutschland machte der Anteil der Erwachsenentaufen an allen Taufhandlungen 2013 mit etwa zehn Prozent keinen kleinen Anteil aus. Auch in der Katholischen Kirche in Deutschland steigt die Zahl der Erwachsenentaufen über die Jahre, bleibt hier aber mit unter zwei Prozent im selben Zeitraum von geringerer Bedeutung.

Wer sich für eine Erwachsenentaufe entschließt, besucht zur Vorbereitung meist einen mehrwöchigen Glaubenskurs seiner künftigen Gemeinde oder führt intensive Gespräche mit dem Pastor oder der Pfarrerin.

Da die erwachsenen Täuflinge mündig sind, entfällt in diesem Fall in beiden großen Kirchen die verbindliche Pflicht, Taufpaten zu bestimmen. Allerdings regen die Kirchen gleichzeitig an, dass »nach Möglichkeit« dennoch Taufpaten als Begleiter auf den Weg in den Glauben eingesetzt werden sollten. Die wichtige Funktion der Patin oder des Paten ist es dann, die zentrale Ansprechperson in Glaubensfragen für den erwachsenen Täufling zu sein:

»Nach Möglichkeit werden die jugendlichen bzw. erwachsenen Taufbewerber auf ihrem Weg von Paten begleitet. Sie stehen als Glaubenszeugen zur Seite und gehen mit auf die Suche, wie man als Christ leben kann.«

4

Patenschaft praktisch

Christliche Taufe und weltliches Willkommensfest: Paten gestalten mit

Das Kind ist da, die Freude groß – und bald soll der neue Erdenbürger Freunden und Verwandten mit einem Fest vorgestellt werden. Das findet oftmals bei der kirchlichen Tauffeier statt. Wenn das Kind nicht getauft werden soll, fehlt dieser Anlass der Familienzusammenkunft. Dann kann auch ein weltliches Willkommensfest gefeiert werden. In beiden Fällen spielen neben dem Kind und seinen Eltern auch die Paten eine wichtige Rolle.

Der Ablauf einer kirchlichen Taufe folgt einem vorgegebenen Schema. Diesen Ablauf und die Art und Weise, wie dabei die Patentanten und -onkel eingebunden sind, haben wir im Kapitel zwei dargestellt. Im Folgenden wenden wir uns deshalb vor allem dem weltlichen Willkommensfest zu.

Ein weltliches Willkommens- oder Namensfest für ein Kind als »Ersatz« für die christliche Taufe ist Neuland. Die Schwierigkeiten des Zwischenstatus zwischen traditioneller, ritualisierter Taufe und einfachem Familien-Kaffeetrinken wurden im ersten Kapitel bereits angesprochen. Für die Gestaltung dieses neuen Rituals gibt es kaum Vorbilder. Die Erwartungen sind noch am christlichen Tauffest orientiert, aber die wesentlichen Bestandteile fehlen: die Kirche als festlicher Raum, der Pastor als Redner, die Kirchengemeinde als aufnehmende Gemeinschaft, die christlichen Inhalte zur Herleitung des Begrüßungsrituals.

Das macht das Vorbereiten eines Willkommensfestes insofern schwieriger, als die Entscheidungen über Form und Inhalt nicht durch die kirchliche Tradition abgenommen werden. Eltern müssen selbst kreativ werden. Die Folge ist oftmals, dass das Willkommensfest auf später verschoben wird und letztlich häufig ganz ausfällt. Damit bricht aber auch ein wichtiger sozialer Anlass der Gemeinschaftsbildung weg: Das Kind wird Freunden und Familie nur individuell vorgestellt, die Aufnahme in eine Gemeinschaft – und zugleich die Stärkung dieser Gemeinschaft – fehlt.

Hilfreich für die Ausgestaltung des Willkommensfestes kann es sein, an Traditionen anzuknüpfen, diese aber umzuformen und an eigene Erwartungen und Überzeugungen anzupassen. Drei wichtige Elemente der christlichen Taufe sind der Raum, die Rede und das Ritual. Diese können Sie für ein weltliches Willkommensfest individuell gestalten.

Der Raum

Die Kirche als sakraler Raum ist als atmosphärischer Ort für ein Fest kaum zu übertreffen – steht aber nur für die Taufe zur Verfügung. Denken Sie darüber nach, welcher Ort für Ihr Willkommensfest geeignet sein könnte. Bei der Taufe wird in der Regel ein Ortswechsel vorgenommen. Der Taufakt findet in der Kirche statt, anschließend geht man zum gemeinsamen Essen nach Hause oder in ein Restaurant. Das lockert den Tag auf und hebt den Willkommensakt hervor. Es ist vielleicht nicht immer möglich, einen atmosphärischen und besonderen Raum für das Ritual anzumieten. Sie können für das Ritual aber ebenso gut nach draußen gehen, unter einen Baum im Garten oder an einen erinnerungswürdigen Ort in der Umgebung oder der Natur. Als Pate können Sie die Eltern bei der Auswahl eines Ortes oder bei der Gestaltung vorhandener Räume unterstützen.

Die Rede

Was in der Kirche die Predigt ist, ist beim Willkommensfest die feierliche Ansprache. Lassen Sie sich nicht abhalten durch abschätzige Bemerkungen der Verwandten und Freunde, Reden seien immer zu lang, überflüssig und nervtötend. Stattdessen verlaufen viele Feiern zwar »im feierlichen Rahmen«, was Bewirtung und Tischdekoration angeht, aber ganz ohne inhaltliches Herzstück. Dann reduziert sich eine Feier auf Essen, Trinken und individuelle

Unterhaltung. Eine Rede oder ein sonstiger Beitrag macht das Fest erst zu etwas Besonderem. Als Pate oder als Patin können Sie mit einer kleinen Rede die besondere Bedeutung dieses Tages für das Kind, für die Eltern und für Sie als Pate hervorheben. Da Ihr Patenkind in den meisten Fällen zum Zeitpunkt des Willkommensfestes noch zu klein ist, um sich später selber daran zu erinnern, können Sie die Rede aufschreiben und dem Kind schenken, sodass es die Rede lesen kann, wenn es älter ist. Die spätere Erinnerung an die Willkommensfeier anhand von Erzählungen, Symbolgeschenken (wie zum Beispiel einer Namenskette) und eben den verschriftlichten Ansprachen prägt die Identität des Kindes mit.

Das Ritual

Die Bestandteile der Taufliturgie haben wir im zweiten Kapitel benannt. Die Funktionen dieser Rituale sind zum Teil religiös, zum anderen Teil sozial: Es geht um die Begrüßung des Kindes und die Aufnahme in eine soziale Gemeinschaft. Das kann ein weltliches Fest ebenso leisten wie eine christliche Taufe. Die traditionellen Taufrituale können als Ideengeber für eigene Rituale betrachtet werden. Statt des Pfarrers können etwa Eltern und Paten im Wechsel durch das Willkommensritual führen. In der folgenden Tabelle stellen wir den Elementen der Taufliturgie Ideen für das Willkommensfest gegenüber.

Christliche Taufliturgie	**Hinführung** Vorstellung, Taufbefehl, Gebet.
Willkommensfest	Zu Beginn einer Taufe werden das Kind und seine Familie begrüßt und ein Gebet gesprochen. Je nach Gestaltung des Willkommensfestes können die Eltern hier gemeinsam die Gäste begrüßen. Wenn sich nicht alle untereinander kennen, können sie auch einige Worte zu den Gästen sagen, um sie untereinander bekannt zu machen. Freunde und Familie sind bei dem Willkommensfest die Gemeinde. Um eine Gemeinschaft zu bilden, in der das Kind heranwachsen kann, müssen sie sich miteinander vertraut machen.
Christliche Taufliturgie	**Zuspruch** Wort zur Taufe, Verpflichtung der Eltern, Patinnen und Paten.
Willkommensfest	Bei der christlichen Taufe findet nun die Verpflichtung der Eltern, Patinnen und Paten statt, das Kind im christlichen Glauben zu erziehen. Das Pendant des weltlichen Willkommensfests kann sein, seine Absichten bei der Begleitung des Kindes zu formulieren. Das scheint für die Eltern selbstverständlich. Doch für die Paten erzeugt eine solche öffentliche Selbstverpflichtung noch einmal ein besonderes

	Maß an Verbindlichkeit. Sie sind nun nicht nur als Pate durch die Eltern benannt, sondern ihnen wird vor der Gemeinschaft aus Freunden und Familie öffentlich die Patenrolle übertragen. Die Verbindlichkeit wird erhöht, weil die Paten sich zu ihrer Verantwortung sozusagen »vor Zeugen« verpflichtet haben.
Christliche Taufliturgie	**Vollzug** Glaubensbekenntnis, Taufakt, Verlesen des Taufspruches.
Willkommensfest	Der christliche Taufakt mit Wasser wird durch das Sprechen des Glaubensbekenntnisses und das Verlesen des Taufspruches gerahmt. Analog könnten die Paten und die Eltern des weltlichen Festes darüber nachdenken, welche (nichtreligiösen) Werte ihnen wichtig sind, die sie an das Kind vermitteln wollen. Diese können an dieser Stelle genannt werden. Ein Spruch, der diese Werte widerspiegelt – selbst formuliert, ein Gedicht oder ein Aphorismus –, kann verlesen werden. Der Willkommensfest-Spruch kann auch zum Inhalt der oben genannten Rede gemacht werden.

Christliche Taufliturgie	**Sinnzeichen** Zum Beispiel Bezeichnung mit dem Kreuz oder Umhängen einer Kette mit Kreuz, Übergeben der Taufkerze, Taufkleid.
Willkommensfest	Bei der Taufe findet hier die Bezeichnung mit dem Kreuz statt beziehungsweise eine Kette mit Kreuz wird umgehängt, die Taufkerze wird übergeben. Für das weltliche Fest kann hier über andere Zeichen nachgedacht werden. Eine Kette oder anderer Schmuck kann dem Kind geschenkt werden. Eine Namenskerze für das Namensfest kann überreicht und entzündet werden, die vielleicht zuvor von den Paten selbst gestaltet wurde. Auch andere Symbole, mit denen die Eltern oder die Paten gute Wünsche für das Kind assoziieren, sind hier vorstellbar.
Christliche Taufliturgie	**Eingliederung** Tauferklärung, Willkommensheißung durch die Gemeinde, Übergabe der Taufurkunde.
Willkommensfest	In der Taufliturgie folgt nun abschließend die Tauferklärung, die Willkommensheißung durch die Gemeinde sowie die Übergabe der Taufurkunde. Während hier einige Aspekte ausschließlich mit dem kirchlichen Ritual verbunden sind, kann

die Willkommensheißung durch Familie und Freunde vielfältig gestaltet werden. So kann etwa jeder Gast gebeten werden, dem Kind einen guten Wunsch mit auf den Weg zu geben. Um daraus eine längere Zeremonie zu gestalten, kann auch schon bei der Einladung jeder Gast aufgefordert werden, einen Wunsch, Spruch oder ein kurzes Gedicht mitzubringen, um es nun vorzutragen.

Kleine Entwicklungspsychologie für Paten

Als Pate oder Patin begleiten Sie Ihr Patenkind meist von klein auf. Erst haben Sie ein Baby als Patenkind, dann ein Kleinkind, bald darauf ein Kindergartenkind, etwas später ein Grundschulkind und schließlich einen Teenager.

In jedem dieser Entwicklungsstadien sind Ihrem Patenkind meist typische Aufgaben gestellt. Es entfaltet auf jeder Stufe andere physische und psychische Fertigkeiten, etwa seine motorischen Kompetenzen, die Weltwahrnehmung, sein Selbstkonzept und seine Beziehung zu anderen Menschen. Wenn wir im Folgenden die Entwicklung eines Kindes vorstellen, ist dabei zu beachten, dass die Abfolge der einzelnen Schritte und Aufgaben von Kind zu Kind unterschiedlich sein kann. Auch die Angabe der Zeiträume, in denen bestimmte Entwicklungsaufgaben bewältigt werden, haben wir mit Absicht ungefähr gehalten.

Von den verschiedenen Entwicklungsstufen lassen sich auch unterschiedliche Möglichkeiten herleiten, wie Sie als Patentante oder Patenonkel das Heranwachsen Ihres Patenkindes unterstützen und begleiten können. Das folgende Kapitel gibt Ihnen deshalb einen kurzen Überblick über die wichtigsten Entwicklungsaufgaben, die Kindern bis zum Erwachsenwerden gestellt sind. Außerdem finden Sie hier erste Ideen für Möglichkeiten der Kontaktaufnahme zu Ihrem Patenkind, die seinen jeweiligen Entwicklungsstufen angemessen sind.

Übrigens: Als Patenonkel oder Patentante können Sie diese Entwicklungsschritte des Kindes manchmal besser als die Eltern wahrnehmen, die das Kind jeden Tag um sich haben. Paten, die ihr Patenkind nur von Zeit zu Zeit sehen, fallen dessen Entwicklungsschübe häufig viel eher ins Auge.

»Wer bist denn du?« – Babyalter und Kleinkind (0–2 Jahre)

In diesem Alter ist Ihr Patenkind noch sehr auf seine Eltern fixiert und zumindest in der ersten Zeit auch fast rund um die Uhr von deren Versorgung und Pflege abhängig. Dies ist insbesondere dann der Fall, wenn das Kind gestillt wird. Kinder lernen auch erst etwas später, dritten Personen außer den Eltern Zutrauen zu schenken. Überfordern Sie Ihr Patenkind deshalb nicht mit Beziehungsansprüchen. Seien Sie nicht gekränkt, wenn Ihr Patenkind auf Ihrem Arm zu weinen beginnt und erst wieder im Arm der Mutter oder des Vaters ruhig wird. Wenn Sie in der Nähe der Patenkindsfamilie leben, lohnt es sich dennoch, Ihrem Patenkind von Zeit zu Zeit einen Besuch abzustatten, denn bereits ab dem vierten Monat beginnt ein Baby Menschen wiederzuerkennen, die es regelmäßig sieht. Langfristig betrachtet können Sie also durchaus schon in den ersten Wochen und Monaten den Grundstein für ein vertrautes Verhältnis zu Ihrem Patenkind legen.

Wirkliche »Unternehmungen« nur mit Ihrem Patenkind können Sie in diesem ersten Entwicklungsstadium jedoch noch nicht planen. Eine stundenweise Beschäftigung alleine mit dem Baby oder dem Kleinkind ist aber durchaus möglich, etwa indem Sie in den »Stillpausen« Ihr Patenkind im Kinderwagen um den Häuserblock spazieren schieben. Damit entlasten Sie gleichzeitig auch die Eltern, die das in den ersten Wochen dringend nötig haben. Insbesondere ganz zu Beginn und mit Einsetzen des Zahnens ungefähr ab dem sechsten Monat sind häufig die Nächte sehr unruhig. In dieser Zeit werden Ihnen die Eltern besonders dankbar sein, wenn sie das Kind tagsüber stundenweise in Ihre vertrauten Hände geben können, um selbst Schlaf nachzuholen.

Wenn Sie nicht in der Nähe Ihres Patenkindes leben, lohnt es sich, die Eltern hin und wieder am Telefon nach der Entwicklung Ihres Patenkindes zu fragen, um Anteil an den gewaltigen Entwicklungssprüngen in dieser ersten Zeit haben zu können. Die Eltern Ihres Patenkindes sind eventuell auch dankbar, wenn sie sich in solchen Telefongesprächen bei Ihnen ein wenig ausweinen dürfen über ihre ständige Belastung und – wenn es das erste Kind ist – über die immer noch neue Rolle, die sie nun als Eltern einnehmen. Bei Ihnen als Patenonkel oder Patentante dürfen die Eltern mit Ihrem Interesse für das neue »Kinderthema« rechnen, während sie bei anderen Freunden oft fürchten, mit diesem Thema schnell auf Desinteresse zu stoßen.

Da die Eltern in dieser ersten Lebensphase ihres Kindes häufig besonders wenig Zeit haben, könnten Sie als Patin oder Pate ein Tagebuch über die Entwicklung Ihres Patenkindes beginnen: Was kann Ihr Patenkind wann? Wann kann es greifen, wann sitzt es zum ersten Mal, welches ist das berühmte erste Wort, welches Spiel oder welches Lied hat es Ihrem Patenkind besonders angetan? Dieses Entwicklungstagebuch wird vieles bewahren, was sonst in der Hektik des Alltages mit kleinen Kindern schnell in Vergessenheit geraten würde. Und wie spannend wird es sein, das Buch später mit Ihrem herangewachsenen Patenkind gemeinsam durchzublättern!

Die ersten zwei Jahre im Leben eines Menschen sind seinen ganz elementaren Entwicklungsaufgaben gewidmet. So prägen sich zum Beispiel Sinneswahrnehmungen wie Sehen, Hören, Riechen und Schmecken aus, die fein- und grob-motorischen Grundfähigkeiten wie Greifen, Krabbeln, Stehen und Gehen entwickeln sich und das Urvertrauen bildet sich aus.

Die Entwicklungsschritte im Einzelnen: Das Baby lernt bereits in den ersten Wochen, seinen Blick auf einen Gegenstand zu richten. Gesichter erkennt es bereits ab dem dritten Monat. Ab dem vierten Monat erkennt es Menschen wieder, die es regelmäßig sieht. In diesem Alter lernt es auch Greifen, etwas später das Sitzen und Krabbeln (ab dem sechsten Monat) und schließlich nach dem ersten Lebensjahr das Stehen und Gehen.

Diese motorische Entwicklung geht einher mit einem immer größeren Bewegungsradius des Kindes, was ihm sichtlich Freude bereitet. Besonders ab dem Krabbelalter muss das Kind ständig konzentriert betreut werden, damit es nicht Gegenstände umwirft und sich dabei verletzt – die Eltern werden über jeden Besuch der Paten dankbar sein, wenn diese stundenweise die Beschäftigung mit dem Kind übernehmen. Sprechen Sie mit den Eltern ab, wie viel Zeit Sie zur Verfügung haben und wann und wie oft die Eltern sich Ihre Besuche und Unterstützung wünschen. Machen

Sie Besuche, um die Eltern zu entlasten und um Zeit mit dem Kind zu verbringen, nicht um sich von den Eltern aufwendig bewirten zu lassen, ohne dass das Kind etwas von Ihrem Besuch hat.

Mit dem Patenkind lassen sich in diesem Alter wunderbar die ersten Fingerspiele spielen. Vielleicht verwenden Sie bei jedem Ihrer Besuche denselben kleinen Vers wie eine Art »Paten-Jingle«, damit Ihr Patenkind Sie auch bei längeren Phasen zwischen den einzelnen Besuchen schnell wiedererkennt? Das Krabbelkind freut sich, wenn Sie mit ihm auf dem Boden robben und mit ihm zusammen das intellektuell hochanspruchsvolle Spiel »Bär wegwerfen – Bär holen« spielen. Und natürlich sind Sie gefragt bei den ersten Spaziergängen: Sie werden sich wundern, wie lange der kurze Weg zu Ihrem Bäcker an der nächsten Ecke dauern kann!

In den ersten beiden Lebensjahren entwickelt sich daneben auch das Sprachvermögen. Bereits Neugeborene bilden Laute, die nach einigen Wochen in erstes Lallen und etwas später in einzelne Silben übergehen. Ab dem zehnten Monat kann das Kind auf einfache Sätze sinnvoll reagieren, dann versucht es sich an einzelnen Wörtern und kurzen Sätzen (ab anderthalb Jahren). Mit der Zeit werden die Sätze immer länger. Vollständige Satzkonstruktionen beherrscht das Kleinkind mit etwa vier Jahren.

Als Patenonkel oder Patentante können Sie Ihrem Patenkind viel »Anschauungsmaterial« zum Sprechenlernen bieten: Reden Sie mit ihm bei Ihren Besuchen, selbst wenn es Sie noch nicht ganz verstehen kann. Sie können auch Geschichten vorlesen oder selbst erzählen. Wenn das Kind bereits selbst die ersten Sätze bildet, hören Sie ihm mit viel Geduld zu und bieten Sie ihm weitere Erzählanlässe, indem Sie Ihrem Patenkind immer wieder einfache, aber interessierte Fragen stellen.

Ab dem zweiten Lebensjahr beginnt das Kleinkind, sich vermehrt für Spielsachen und Bilderbücher zu interessieren. Schnell selbstgebasteltes, improvisiertes Spielzeug wie eine Waschlappen-Handpuppe, ein Löffelmobile oder eine »Gitarre« aus einer Pappschachtel und einigen Gummibändern sind dabei oft interessanter als die »Stangenware« aus den Spielzeugläden. Ab dem zweiten Lebensjahr beginnt ein Kleinkind auch, die ersten Zeichnungen anzufertigen. Das Kind ist sicher stolz, wenn die Patentante oder der Patenonkel sich ein Bild von ihm wünscht.

»Da sind ja noch andere Menschen!« – Das Kindergartenkind (3–6 Jahre)

Wenn das Kind nicht zuvor bereits in einer Kinderkrippe oder Kindertagesstätte war, erfährt Ihr Patenkind mit dem Beginn des Kindergartens erstmals eine regelmäßige und längerfristige Trennung von den Eltern. Manche Kinder leiden in der ersten Zeit sehr darunter. Aber sie lernen gleichzeitig, dass die Eltern auch wieder zurückkommen und nicht für immer »weg« sind. Die enge Eltern-Kind-Beziehung wird durch den Kindergarten langsam angereichert mit der Beziehungsaufnahme zu anderen Kindern und zu den ErzieherInnen. Das Kind gewöhnt sich zusehends daran, mit immer mehr Menschen in Kontakt zu treten. Auch seiner Patentante oder seinem Patenonkel begegnet es nun mit größerer Aufgeschlossenheit.

Ihr Patenkind macht im Kindergarten auch die ersten Erfahrungen mit Gruppen. Bereits hier gibt es verschiedene Rollen; die ersten Wettbewerbe und Leistungsvergleiche finden statt.

Gleichzeitig weitet sich in diesem Alter der Horizont Ihres Patenkindes. Es interessiert sich nicht mehr hauptsächlich nur für seine eigenen Bedürfnisse, sondern auch für die Welt »außen«. Das Vorschulkind ist voller Entdeckungsfreude, Unternehmungsgeist und Neugier. Jetzt beginnt die Phase des großen Erforschens und des Fragenstellens. »Ist der Himmel immer blau?«, »Warum hat der Onkel keine Kinder?« – Ihr Patenkind freut sich, wenn Sie sich auf diese elementaren Gespräche einlassen. Wahrscheinlich können Sie dabei sogar mehr Geduld aufbringen als die Eltern, die spätestens nach der siebten »Warum?«-Nachfrage die Nerven verlieren.

Und es gibt eine weitere Möglichkeit, wie Sie sowohl Ihrem Patenkind als auch den Eltern jetzt eine besondere Freude bereiten können: Gestalten Sie einen der ersten turbulenten Kindergeburtstage, die meist mit dem Beginn des Kindergartens einsetzen.

In dieses Alter fällt aber auch die sogenannte »Trotzphase«, die sich in häufigen und heftigen Wut- und Weinanfällen äußert, wenn dem Kind etwas misslingt oder vorenthalten wird. Das Kind leidet an seiner Unfähigkeit, seine Wünsche selbstständig zu erfüllen. Diese Phase ist – so anstrengend sie die meisten Eltern finden – entwicklungspsychologisch sehr wertvoll, da sich darin die Entwicklung des eigenen Willens und eine erste Ablösung von den Eltern manifestiert. Das Kind lernt dabei auch den Umgang mit Konflikten. Als Patin oder Pate haben Sie wahrscheinlich den Vorzug, nicht an vorderster Stelle von den Trotzanfällen Ihres Patenkindes betroffen zu sein. Das Kind wird sich damit viel häufiger an die Eltern wenden. Wenn aber doch Sie einen Wutanfall abbekommen: Bleiben Sie freundlich bei der eigenen Position. Nehmen Sie den Wutausbruch nicht persönlich. Vermitteln Sie Ihrem Patenkind, dass Sie es dennoch von Herzen mögen. Und bitte: Gehen Sie den Eltern in dieser schwierigen Phase nicht zusätzlich auf die Nerven mit gut gemeinten Erziehungsratschlägen. Die Trotzphase ist völlig normal und keinesfalls ein Zeichen von schlechter Erziehung.

Wenn Ihr Patenkind nicht in Ihrer Nähe wohnt, können Sie es hin und wieder anrufen und sich am Telefon von seinen Erlebnissen des Tages berichten lassen. Da ein Kind nicht abstrakt oder in größeren Zeithorizonten denkt, vermeiden Sie dabei abstrakte Fragen, sondern orientieren Sie sich vielmehr an dem konkreten Erleben Ihres Patenkindes (zum Beispiel: »Was hast du heute gespielt?« – »Was ist denn dein Lieblingsessen?«). Da Kleinkinder oft noch unklar artikulieren und deshalb häufig recht schwer zu verstehen sind, haben Sie viel Geduld mit Ihrem Patenkind und fragen Sie nach, was es sagen will.

»Das will ich alles wissen!« – Das Grundschulkind (6–10 Jahre)

Die Einschulung markiert einen weiteren wichtigen Abschnitt im Leben Ihres Patenkindes. In manchen Familien wird deshalb der erste Schultag groß gefeiert. Vielleicht wollen Sie das zum Anlass nehmen, Ihr Patenkind zu besuchen, um mit ihm zusammen diesen großen Tag zu erleben. Da es in den nächsten Monaten viel Neues lernen wird, sollten Sie sich immer mal wieder Zeit nehmen, um sich die vielen neuen Eindrücke des Kindes schildern zu lassen und sie zusammen mit ihm zu ordnen. Die gelegentlichen, aber intensiver reflektierenden Gespräche von Pate zu Patenkind sind wichtige Ergänzungen zum alltäglichen Austausch mit den Eltern. Wenn Ihr Patenkind nicht von alleine von Berichten und Geschichten sprudelt, stellen Sie ihm geduldig offene Fragen. Sie zeigen ihm damit Ihr Interesse an seiner Person.

Zeigen Sie Ihrem Patenkind ganz offen, wie Sie leben, was sie gerne tun, was Ihre Hobbys sind. So lernt das Kind einen weiteren Lebensstil kennen und auch, dass nicht alle Erwachsenen so leben wie die eigenen Eltern. Es geht nicht darum, zu zeigen, dass eine Lebensweise besser oder schlechter ist als die andere, sondern darum, dass es überhaupt unterschiedliche Lebensweisen gibt. So kann das Kind sich eine eigene Meinung bilden.

Dass in der Schule gelernt wird, liegt auf der Hand. Aber neben dem Lesen, Schreiben und Rechnen und den verschiedenen anderen ersten Schulfächern lernt Ihr Patenkind mit seiner Einschulung auch, wie es sich in festen

Gruppen und Strukturen zu verhalten hat. Es lernt zu kooperieren, seine eigenen Bedürfnisse manchmal zurückzustellen, aber auch, sich selbst zu behaupten. Ihr Patenkind wird mit festen Tages- und Wochenabläufen vertraut gemacht und gewöhnt sich daran, mehrere Stunden am Stück ruhig zu sitzen und die Konzentration aufrechtzuerhalten.

Mit dem Erwerb der Kulturtechniken Lesen, Schreiben und Rechnen entwickelt das Grundschulkind viel Wissensdrang, Neugier, Entdeckerfreude und Spaß am Lernen. Es erkennt, dass es entscheidende Fortschritte darin macht, sich selbstständig in der Welt zurechtzufinden. Diese Freude am Lernen können Sie als Pate fördern, indem Sie zum Beispiel einen Briefwechsel mit Ihrem Patenkind beginnen.

Unterstützen Sie die Neugier Ihres Patenkindes: Unternehmen Sie gemeinsame Ausflüge in ein Kindermuseum, auf einen Bauernhof, in den Zoo, in ein Kindertheater. Sicher haben Sie und Ihr Patenkind noch viele andere Ideen, was es zu entdecken gilt.

Intensiver noch als zuvor im Kindergarten macht das Grundschulkind nun Erfahrungen mit einer festen Gruppe, seiner Schulklasse. Dort begegnet es verschiedenen Rollen, Regeln und Normen. Bald nach der Einschulung werden meist auch andere neue Erfahrungen in Freizeitgruppen gemacht, wie zum Beispiel im Sportverein, im Musikunterricht oder in einer kirchlichen Kindergruppe. Ihr Patenkind beginnt, Vergleiche zu Mitschülern oder Kindern in einer seiner Freizeitgruppen zu ziehen. Es erkennt, was es besonders gut kann und wo ihm andererseits andere voraus sind. Das Urteil der Mitschüler trägt deutlich zum eigenen Selbstkonzept bei. Ihr Patenkind entwickelt nun Selbstbewusstsein, unter Umständen aber auch erste Minderwertigkeitsgefühle. Stehen Sie Ihrem Patenkind für Gespräche zur Verfügung, ohne darauf zu drängen. Gespräche über heikle Themen wie Probleme mit Mitschülern, mit dem besten Freund oder der besten Freundin werden von Kindern gerne »nebenher« bei gemeinsamen ruhigen Aktivitäten wie Basteln oder Backen geführt. Hilfreich können auch Kinderbücher sein, die die ersten sozialen Schwierigkeiten eines Grundschulkindes in altersgerechten Geschichten aufnehmen. Eine gute Buchhändlerin oder ein guter Buchhändler eines speziellen Kinder- und Jugendbuchladens können Sie bei der Auswahl Ihres nächsten Geburtstags- oder Weihnachtsgeschenks sicherlich beraten.

Mit den ersten Noten setzt ein Wechsel von Leistungsmotivation und Versagensangst ein. Vielen Grundschulkindern ist durchaus bewusst, dass am Ende der Grundschulzeit mit der Wahl der weiterführenden Schulform eine weichenstellende Entscheidung ansteht. In Untersuchungen wurden bereits bei Grundschulkindern mehrere Anzeichen von Stress durch latenten Leistungsdruck festgestellt. Das Selbstbewusstsein Ihres Patenkindes können Sie unterstützen, indem Sie es auf seine Stärken hinweisen und es beruhigen, dass nicht alle alles können müssen. Versichern Sie Ihrem Patenkind, dass Sie es um seiner Person willen schätzen und es Ihnen dabei keineswegs zuerst auf seine Schulnoten ankommt. Solche bestärkenden Aussagen von Ihnen können Sie in ihrer positiven Wirkung auf Ihr Patenkind gar nicht hoch genug einschätzen: Es wird sich auch bei Selbstzweifeln wieder an Ihre positive Sicht erinnern.

»Draußen ist viel mehr los!« – Jugendliche (11–18 Jahre)

Die zentrale Entwicklungsaufgabe des Jugendalters ist das Erwachsenwerden und damit die Ablösung vom Elternhaus mit dem Ziel, im Anschluss ein selbstständiges Leben führen zu können. Dieser Prozess läuft meist nicht so glatt, wie diese entwicklungspsychologischen Aufgabenbeschreibungen klingen. Die Jugendlichen erkämpfen sich auf der einen Seite im täglichen Zusammenleben in der Familie mehr und mehr Selbstständigkeit und wollen wie eine erwachsene Person behandelt werden. Auf der anderen Seite fühlen sie sich aber auch überfordert von dieser neuen Rolle. Sie wehren sich gegen »alles Erwachsene«. Streit zwischen den Jugendlichen und ihren Eltern ist in dieser Phase meist an der Tagesordnung.

Patenonkel und Patentante sind zwar ebenso Vertreter der misstrauisch beäugten Erwachsenenwelt, sie haben aber den Vorteil, nicht die alltäglichen Kämpfe mit dem Patenkind ausfechten zu müssen, und können ihm deshalb meist recht unbelastet begegnen. Weil Eltern und Patenkind die notwendigen Machtkämpfe austragen, sind manchmal die Paten die geeigneteren Ansprechpartner des Patenkindes für die »großen Themen«. Dennoch sollten Sie als Patin oder Pate gerade in dieser Entwicklungsphase darauf achten, sich nicht aufzudrängen und Distanz zu wahren. Sicher erinnern Sie sich noch gut daran, wie gezwungen Sie in Ihrer Jugend manche Familientreffen empfunden haben. Nachmittage und Abende mit der Freundesclique sind in diesem Alter nun mal eindeutig spannender als Erwachsenentreffen zu Hause.

Was bewegt Ihr Patenkind in dieser Entwicklungsphase noch? Mit den einschneidenden körperlichen Veränderungen wie starkem Wachstum, der ersten Regel oder dem Stimmbruch suchen die Jugendlichen eine für sie angemessene Rolle als junge Frau oder als junger Mann. Zu Beginn der Pubertät wird der Kontakt mit dem anderen Geschlecht meist strikt gemieden. Freundeskreise bestehen häufig rein aus Mädchen oder aus Jungen. Einige Zeit später entstehen dann aber gemischtgeschlechtliche Freundescliquen und die ersten Liebesbeziehungen samt erstem Liebeskummer.

Generell ist Ihr Patenkind in diesem Alter damit beschäftigt, seine Rolle in der Welt und sein Selbstbild zu entwickeln. »Wie bin ich?«, »Was will ich?«, »Wie soll mein Leben sein?« – Jugendliche versuchen oft, diese Fragen durch Ausprobieren verschiedener Wege zu beantworten. So ist auch der beinahe monatliche Wechsel des Stylings (Frisur, Kleidung …) und der Freizeitbeschäftigungen zu verstehen. Aber auch unter der Oberfläche geht einiges vor sich: Ihr Patenkind liebt es, mit Freunden – und auch mit Ihnen? – über Werte zu diskutieren, stellt sich und anderen die Frage nach den Lebenszielen und der Lebensplanung. Hier tauchen vermutlich auch Fragen zum Glauben und zur Religion auf, deren Vermittlung ja die ursprüngliche Aufgabe der christlichen Taufpaten ist. Stehen Sie Ihrem

Patenkind für solche elementaren Gespräche zur Verfügung, erzählen Sie von sich, lassen Sie sich selbst infrage stellen. Wenn Ihr Patenkind etwas zurückhaltender ist oder Sie es nicht oft sehen: Erinnern Sie sich bei der nächsten Gelegenheit an die wichtigen Bücher Ihrer eigenen Jugendzeit. Erzählen Sie Ihrem Patenkind, was Sie damals mit diesem Buch erlebt hatten.

Am Ende der Schulzeit muss sich Ihr Patenkind auch Gedanken um seinen Berufswunsch und seine Ausbildungs- oder Studienwahl machen. Dieses Thema ist heute leider oft mit Zukunftsängsten und Leistungsdruck besetzt. Sie können Ihr Patenkind unterstützen, indem Sie ihm die Stärken aufzählen, die Sie an ihm festgestellt haben. Befragen Sie Ihr Patenkind nach seiner eigenen Wahrnehmung. Gemeinsam können Sie dann seine Interessen anschauen und überlegen, in welche Tätigkeit diese einfließen können.

Erwachsene Patenkinder? – Patenschaft ohne Altersgrenze

In manchen Regionen Deutschlands endet das Patenschaftsverhältnis recht abrupt mit der Firmung oder der Konfirmation. Die Kinder haben dann ihre religiöse Selbstständigkeit erlangt – zumindest aus kirchenrechtlicher Sicht. Wie wir in diesem kleinen entwicklungspsychologischen Überblick gesehen haben, beginnt allerdings im Jugendalter erst eine Phase, in der die Jugendlichen sich intensiv mit alltagsphilosophischen, politischen und eben auch religiösen Fragen auseinandersetzen. Es wäre also schade, wenn gerade in dieser wachen Zeit die vertraute erwachsene Person, die der Pate oder die Patin dem Kind inzwischen geworden ist, nicht mehr zu Gesprächen zur Verfügung stünde.

Und wenn Ihr Patenkind dann ganz zu den Erwachsenen gehört? Endet nicht spätestens dann der Auftrag, den Ihnen die Eltern Ihres Patenkindes damals gegeben hatten? Die Antwort hierauf können nur Sie und Ihr Patenkind finden. Wenn Sie bisher eine lebendige Beziehung zu Ihrem Patenkind aufgebaut haben, sehen Sie Ihren ursprünglichen »Auftrag« der Eltern bestimmt längst nicht mehr als Pflicht an. Und auch Ihrem Patenkind werden Sie sicher ein ganz besonderer Erwachsener bleiben. Das Ausziehen von Zuhause, der Beginn der Ausbildung, vielleicht der Wegzug aus der Heimat, dann die ersten Arbeitsstellen, irgendwann vielleicht die Familiengründung … Sie können Ihr Patenkind sicher noch in einigen dieser Lebensabschnittswechsel eine gute Begleitung sein.

Beziehungen knüpfen – auch aus der Ferne

Früher waren Paten oft Verwandte, die am selben Ort wohnten. Damit waren die Paten im Alltag präsent und ständig greifbar. Heute ist diese räumliche Nähe nicht mehr selbstverständlich. Die Paten sind nicht immer vor Ort, die Zusammenkünfte der Familie finden weniger häufig statt, und der Kontakt zu den Patenkindern wird sporadisch.

Das kann man bedauern. Darin steckt aber auch ein Gutes, denn der Besuch des Paten oder der Patin ist dann etwas ganz Besonderes, nicht Alltägliches. Und auch die großen Feste gewinnen an Bedeutung, da sie eine der weniger werdenden Gelegenheiten sind, Familie und Freunde um sich zu versammeln, die sonst weit verstreut leben.

Diese neuen Bedingungen fordern aber auch eine neue Ausgestaltung der Patenbeziehung. Deshalb stellen wir Ihnen hier einige Möglichkeiten vor, wie gute Beziehungen auch bei seltenen persönlichen Begegnungen zwischen Paten und Patenkind gelingen können.

Geburtstage, Einschulung, Konfirmation oder Firmung – Paten gehören zu den Festen!

Geburtstage, die Einschulung, die Konfirmation, Firmung oder Jugendweihe: Paten gehören zu den besonderen Festen des Kindes einfach dazu. Diese Feste markieren den Wechsel von Lebensphasen des Kindes. Die Paten, die Anteil nehmen an der Entwicklung ihres Patenkindes, können zu diesen Gelegenheiten gemeinsam mit anderen das Kind und sein Größerwerden feiern.

Kinder sind oft sehr stolz auf ihre Patentante oder ihren Patenonkel. Sie freuen sich darüber, wenn ihre Paten bei den Festen als solche in Erscheinung treten und öffentlich bekunden: »Wir gehören zusammen!« Deshalb ist es schön, wenn Patin oder Pate bei diesen Familienfesten ihre Rolle aktiv und für alle sichtbar wahrnehmen. Was könnten also Beiträge der Paten zu den Familienfesten sein?

Zuerst einmal: Dabei sein ist schon beinahe alles. Aber es gibt weitere Möglichkeiten, wie Sie während eines Festes dem Kind Aufmerksamkeit schenken können:

Etwas ganz Besonderes ist es beispielsweise, im Kreis der Familie und der Freunde eine kleine Ansprache für das Patenkind zu halten. Fürchten Sie, dass Ihr Patenkind Ansprachen langweilig finden könnte? Seien Sie versichert: Alleine die bloße Tatsache, dass Sie für das Kind eine Ansprache halten, vermittelt ihm Ihre Wertschätzung. Darüber hinaus erhöht eine Ansprache die Feierlichkeit des Zusammenkommens und unterstreicht den Festanlass: die Feier Ihres Patenkindes!

Natürlich liegt es nicht jedem Paten, öffentliche Ansprachen zu halten. Stattdessen können Sie die öffentliche Demonstration Ihrer Patenrolle auch eine Nummer kleiner wählen: Überreichen Sie Ihrem Patenkind doch etwa Ihre persönliche Glückwunschkarte an der Kaffeetafel in einer kleinen, aber offiziellen Geste.

Die Möglichkeiten Ihrer aktiven Mitgestaltung des Festes sind vielfältig. Machen Sie Musik? Dann bringen Sie

Ihrem Patenkind ein Ständchen. Oder leiten Sie ein lustiges Spiel an, das alle Gäste einbezieht. Oder lesen Sie ein Gedicht vor, das einige Gedanken und Wünsche an Ihr Patenkind zum Ausdruck bringt.

Die Form der Festgestaltung kann natürlich je nach Festanlass und eigenen Fähigkeiten und Vorlieben unterschiedlich ausfallen. Worauf es ankommt, bleibt dabei stets dasselbe: in Ihrer Funktion als Patentante oder Patenonkel für alle sichtbar in Erscheinung zu treten und Ihre Zugehörigkeit zu Ihrem Patenkind öffentlich zu demonstrieren.

Familienfeste werden von Kindern oft als langweilig wahrgenommen. Das ist verständlich, denn sie sind meist nicht sehr kinderfreundlich organisiert: Alle sitzen stundenlang an einem Tisch, und die Erwachsenen führen uninteressante »Erwachsenengespräche«. Das trifft selbst für die Familienfeste zu, in deren Mittelpunkt das Kind selbst steht. Fragen Sie doch vorher Ihr Patenkind, was es an seinem Fest gerne tun würde. Machen Sie sich zum »Kinderanwalt« in Sachen Festgestaltung, denn dann können Sie gemeinsam mit dem Patenkind dafür sorgen, dass das Fest sich auch wirklich um das Kind drehen wird. Wo soll das Fest stattfinden – im Haus oder im Garten? Was soll es zu Essen geben? Soll es ein Festmotto geben oder nach dem Kaffeetrinken ein Fußballspiel »Kinder gegen Erwachsene«? Die Fantasie Ihres Patenkindes wird unbegrenzt sein, wenn es erst einmal gefragt wird!

Paten und Geschenke: Was ist gutes Schenken?

Zur Gestaltung eines Festes gehören natürlich auch die Geschenke. Gute Geschenke zu machen ist eine Gabe. Gerade angesichts der deutschen Kinderzimmer, in denen der Überfluss fast schon sprichwörtlich ist, erscheint die Suche nach dem passenden Geschenk umso schwieriger: *»Gibt es vielleicht ir-gend-etwas, was dieses Kind noch nicht hat?!«* Man ist demotiviert, etwas zu schenken: Es ist ja ohnehin schon alles vorhanden. Gleichzeitig fühlt man sich aber auch einem Druck ausgesetzt, diesem Überfluss nun doch noch etwas Herausstehendes, bislang nicht Dagewesenes hinzuzufügen. Unser Rat: Lassen Sie sich auf dieses »Leistungsschenken« am besten gar nicht erst ein – selbst wenn Sie damit den Erwartungen Ihres Patenkindes oder seiner Familie erst einmal nicht gerecht werden sollten. Das bedeutet jedoch nicht, dass Sie Ihrem Patenkind gar nichts schenken sollen. Schenken ist eine vorzügliche Gelegenheit, Ihrem Patenkind Ihre Liebe mitzuteilen.

Die Alternative zu den Materialschlachten auf dem Kindergeburtstagstisch lautet: Lernen Sie gutes Schenken! Einige erste Lektionen dazu haben wir hier für Sie zusammengestellt.

»Schenkens-wert«

Bestimmt der Wert des Geschenkes, ob es schenkenswert ist? Nun, das kommt ganz darauf an, wie Sie den »Wert« definieren. Denken Sie bei der Geschenkauswahl über seinen Wert in mehrfacher Hinsicht nach:

Der materielle Wert

Kinder bewerten ihre Geschenke nicht vorrangig nach dem materiellen Wert, sondern vielmehr danach, ob sie ihr Interesse treffen, ob sie damit spielen können. Daher sollten Sie sich erst einmal nicht zu sehr vom Geldwert des Geschenks leiten lassen.

Überlegen Sie vielmehr, welcher Stellenwert dem materiellen Wert eines möglichen Geschenks in der Familie Ihres Patenkindes zukommt: Wenn das Kinderzimmer vor Spielzeug überquillt, macht es bestimmt mehr Sinn, die weiter unten aufgeführten anderen Werte eines Geschenks höher zu bewerten. Allerdings sind viele Familien auch finanziell weniger gut gestellt. Dann könnte es durchaus sinnvoll sein, durch ein gut gewähltes Geschenk das Kind beziehungsweise die Familie hilfreich zu unterstützen. Sprechen Sie in diesem Fall mit den Eltern, was dem Kind fehlt oder was ihm eine besondere Freude machen würde, beispielsweise ein besonderes Spielzeug, das die Eltern aus finanziellen Erwägungen nicht kaufen würden, oder eine spezielle Ausstattung für den Sport oder die Schule.

Der Beziehungs-Wert

Geschenke können die Beziehung zwischen Pate und Patenkind aufbauen. Schenken Sie etwas, zu dem Sie selbst einen Bezug haben und durch das Ihr Patenkind einen Bezug zu Ihnen haben wird. Dieser Wert ist insbesondere dann hoch einzuschätzen, wenn Sie zum Beispiel nicht häufig die Gelegenheit haben, das Patenkind zu treffen. Geeignet sind dann etwa Gutscheine für gemeinsame Kino- oder Museumsbesuche, eine Einladung mit Übernachtung bei Ihnen. Oder Sie verschenken einen Gegenstand, der mit einer gemeinsamen Aktivität verbunden ist. Ein Beispiel dafür wäre etwa ein Kochbuch zusammen mit einer Einladung zum gemeinsamen Kochen.

Eine zweite Bedeutung des Beziehungswertes ist, dass diese Geschenke sehr persönlich sind. Beispielsweise könnten Sie Ihrem Patenkind etwas schenken, das Ihnen als zehnjährigem Kind selbst Spaß gemacht hat. Erzählen Sie Ihrem Patenkind Ihre Geschichte zu diesem Geschenk.

Der Erziehungs-Wert

Wenn wir uns daran erinnern, dass das Patenamt oft mit dem Anspruch der christlichen oder allgemeinen Werteerziehung verbunden ist, so mag sich für manche Paten die Frage stellen, ob sie mit ihren Geschenken auch gewisse Werte vermitteln wollen. Christliche Paten verschenken etwa eine schön bebilderte Kinderbibel, weltliche Paten wählen vielleicht ein Kinderbuch aus, das mit seiner Geschichte einen ganz bestimmten Wert vermittelt. Hat man diesen Anspruch an Geschenke, können Spielwarenhändler oder Buchhändler gute Hinweise geben, etwa wenn Sie nicht genau einschätzen können, welche Art von Geschenk für welches Alter passend ist.

Der Erinnerungs-Wert

Ein weiterer Wert von Geschenken, den Sie vielleicht berücksichtigen möchten, betrifft die Langfristigkeit und das Erinnerungspotenzial des Geschenkes. So ein »Geschenk fürs Leben« mag zwar nicht immer unmittelbar interessant sein, dafür erinnert es das Patenkind vielleicht einige Jahre später an Sie oder an ein besonderes Ereignis. Beispiel dafür könnte etwa das Vererben eines Schmuckstücks aus der eigenen Familie sein. Ihr Patenkind wird sich immer daran erinnern, zu welchem Anlass Sie ihm dieses Geschenk gemacht haben.

Der Spaß-Wert

Nicht zuletzt sollten Sie selbstverständlich über den Spaßwert des Geschenks für das Patenkind nachdenken. Versuchen Sie sich in Ihr Patenkind hineinzuversetzen: Was macht ihm oder ihr so richtig Spaß?

Aufmerksamkeit für die Geschenksuche

Erhöhen Sie Ihre Aufmerksamkeit für das Schenken. Beobachten Sie genau, was Menschen sich gegenseitig schenken, welche Geschichte der Schenkende beim Überreichen dazu erzählt, wie der Beschenkte reagiert, ob Sie Freude, Überraschung, Enttäuschung oder Gleichgültigkeit in seinem Gesicht erkennen. Schenken ist ein sehr subtiler Prozess. Obwohl das Schenken ein alltäglicher Vorgang ist, haben die meisten Menschen doch immer wieder eine hohe Erwartung daran: Wenn Sie das Schenken als wichtigen Teil einer Beziehung betrachten, können Sie Ihre Geschenke kreativ zur Gestaltung und zum Ausdruck Ihrer Patenbeziehung nutzen.

Schenken braucht Zeit

Stellen Sie sich vor, sie sind Künstler. Wenn Sie eine Ausstellungseröffnung zu Weihnachten haben, würden Sie dann am Vormittag des 24. Dezembers beginnen, die Bilder zu malen? Schenken braucht Zeit. Der Alltag lässt dafür oft wenig Freiraum. Denken Sie zu den Zeiten über Geschenke nach, in denen Sie ausreichend Zeit haben, entspannt sind und Freude am Geschenkeauswählen haben. Die Feste, zu denen Sie etwas verschenken möchten, sind lange vorher bekannt, denn Geburtstage und Weihnachten wiederholen sich jedes Jahr. Sie können also durchaus schon einige Monate zuvor Geschenke kaufen oder basteln. Etwa im Urlaub, wenn Sie auf der Sonnenliege Zeit haben, über Ihr Patenkind und seine Interessen nachzudenken, und anschließend in Ruhe einen Einkaufsbummel machen können.

Geschenke verpacken – mit Schleife und Geschichten

Zuletzt wollen wir die Aufmerksamkeit von »dem Geschenk« zu dem »Akt des Schenkens« verschieben. Das Geschenk allein macht nicht das Schenken aus. Ein Geschenk kann noch so gut ausgewählt sein: Wenn Sie den Geburtstag vergessen haben und das Päckchen erst mit sechs Wochen Verspätung ankommt, ist die Enttäuschung trotzdem groß.

Denken Sie daher nicht nur über das Geschenk nach, sondern gestalten Sie den Akt des Schenkens. Verpacken Sie es liebevoll, schreiben Sie ein persönliches Kärtchen dazu und überreichen Sie es mit einer dicken Umarmung. Es gibt nichts Unpersönlicheres, als ein Geschenk, das in der Einkaufstüte überreicht wird.

Und: Erzählen Sie eine Geschichte zu dem Geschenk. Sagen Sie, wie Sie auf die Idee zu diesem Geschenk gekommen sind, was es für Sie bedeutet, wie schön es war, es in Ihrem Urlaub zu kaufen, wie viel Freude Sie mit einem vergleichbaren Geschenk gehabt haben oder warum es gerade Ihrem Patenkind so gut zu Gesicht steht. Sie dürfen hier durchaus Teile der Geschichte frei erfinden! Es geht nur um eines: dem Geschenk persönliche Bedeutung zu verleihen und damit auszudrücken, dass Ihnen Ihr Patenkind wichtig ist.

Rituale in der Patenschaft: Die Kunst der Regelmäßigkeit

Rituale zeichnen sich durch eine Reihe von Merkmalen aus. Besonders wichtig ist dabei aber das wiederholte und erwartete Auftreten, etwa bei einem jährlichen Fest, aber auch das morgendliche Zeitungslesen mit einer Tasse Kaffee oder die monatliche Skatrunde. Durch seine Regelmäßigkeit ist das Ritual berechenbar, man kann sich dafür vorbereiten und sich darauf freuen.

Einige mögen einwenden, das sei langweilig: Wo bleibt die Spannung? Selbstverständlich möchte niemand auf Überraschungen verzichten. Aber versuchen Sie sich kurz ein Leben vorzustellen, in dem es nur Überraschungen gibt. Es wäre schrecklich anstrengend, es gäbe nichts Verlässliches mehr, es gäbe keine Zeiten und Orte, an denen man sich auf bekanntem Terrain und damit sicher fühlen könnte. Insbesondere für Kinder ist diese Regelmäßigkeit eine wichtige Erfahrung: sich auf jemanden verlassen zu können und in vertrauter Weise bestimmte Dinge immer wieder mit derselben Person zu tun.

Genau das kann der Pate oder die Patin leisten. Entwickeln Sie gemeinsam mit Ihrem Patenkind neue Rituale. Erfinden Sie Aktivitäten mit Ihrem Patenkind, die sich wiederholen und zum festen Bestandteil Ihrer Beziehung werden. Was Sie dazu brauchen, ist vor allem Fantasie. Einige gedankliche Anregungen dazu liefert die folgende Liste.

Die zeitliche Dimension von Ritualen

Kennzeichen von Ritualen sind die Wiederholung, die Regelmäßigkeit und die Langfristigkeit. Wenn Sie ein Ritual mit Ihrem Patenkind beginnen möchten, fragen Sie sich, wann und wie oft Sie das Ritual begehen wollen. Soll es ein wöchentliches Treffen sein? Oder ein monatlicher Besuch? Oder der jährliche gemeinsame Besuch auf dem Weihnachtsmarkt? Ein jährlicher Urlaub?

Sie müssen abwägen, ob es sich um einen Rhythmus handelt, den Sie mit dem Patenkind und seinen Eltern verabreden sollten. Das ist notwendig, wenn Sie beispielsweise jeden ersten Sonntag im Monat einen Tag mit Ihrem Patenkind verbringen wollen. Den jährlichen Besuch auf dem Weihnachtsmarkt hingegen wird man kaum großartig verabreden müssen, sondern dieses Ritual wird sich – wenn es beiden Freude macht – einfach so einschleifen, indem Sie Ihr Patenkind jedes Jahr wieder dazu einladen. Spätestens nach dem zweiten Mal ist die Erwartung da, auch im nächsten Jahr wieder gemeinsam hinzugehen.

Die räumliche Dimension von Ritualen

Rituale können nicht nur durch zeitliche, sondern ebenso durch räumliche Wiederholung ihre Besonderheit erlangen. Indem man einen bestimmten Raum mit bestimmten Handlungen und Personen verbindet, wird er zu einem besonderen Raum. Denken Sie sich Räume aus, die Sie mögen. Fragen Sie Ihr Patenkind, welche Orte es mag.

Ein Ritual könnte dann daraus werden, wenn Sie mit Ihrem Patenkind ein bestimmtes Spiel immer an der gleichen Stelle in Ihrer Wohnung spielen. Vielleicht machen Sie immer einen Spaziergang durch die gleichen Felder oder den gleichen Park. Oder sie kaufen gemeinsam mit Ihrem Patenkind immer ein Stück Kuchen bei der gleichen Bäckerei in Ihrer Nachbarschaft.

Die sinnliche Dimension von Ritualen

Welche Sinne sollen in dem Ritual besonders angesprochen werden? Benutzen Sie die fünf Sinne Hören, Sehen, Riechen, Tasten und Schmecken, um Aktivitäten mit Ihrem Patenkind bewusst zu gestalten. Gibt es beispielsweise bestimmte Zeiten und Situationen, an denen Sie mit Ihrem Patenkind besonders gut ins Gespräch kommen? Vielleicht bei einem ruhigen Spaziergang? Assoziiert Ihr Patenkind ihre Wohnung vielleicht damit, dass es nach frisch gebackenem Kuchen duftet, wenn es Sie besucht? Mag es eine Ihrer CDs oder Platten besonders gerne und könnte die als »*der* Soundtrack zur Patentante (oder zum Patenonkel)« dienen?

Die persönliche Dimension von Ritualen

Sie müssen nicht immer allein etwas mit Ihrem Patenkind unternehmen – wenn Sie Ihre Freunde einbeziehen, eröffnen sich Ihrem Patenkind neue Perspektiven auf Sie. Oder laden Sie doch auch einmal die Spielkameraden und besten Freunde Ihres Patenkindes ein! Es ist sowohl für den Paten interessant, Freunde des Patenkindes kennenzulernen, als auch für das Patenkind, mehr über das Umfeld des Paten zu erfahren.

Welche anderen Personen neben dem Paten und dem Patenkind sollen an dem Ritual teilnehmen? Möchten Sie bei bestimmten Aktivitäten seine Eltern oder Geschwister dabei haben? Wie steht es mit Ihrem Partner? Vielleicht gibt es auch regelmäßige Aktivitäten, die beide Paten – falls es zwei Paten gibt – gemeinsam mit dem Patenkind unternehmen möchten. Oder umgekehrt: Sie scharen von Zeit zu Zeit alle Ihre Patenkinder gleichzeitig um sich und dann gibt es das große Patenkinderpuddingessen …

Christliche Erziehung und humanistische Wertevermittlung

Die Mitwirkung bei der religiösen Erziehung des Kindes ist nach kirchlicher Auffassung die zentrale Aufgabe der Taufpaten. In der Taufliturgie wird den Taufpaten die Frage gestellt, ob sie gemeinsam mit den Eltern ihres Patenkindes die Verantwortung für die Heranführung des Kindes an den christlichen Glauben übernehmen wollen. Nicht selten verursacht aber gerade diese Aufgabe bei der frisch ausgewählten Patentante oder dem gerade ernannten Patenonkel neben aller Freude auch einige Zweifel: *Was wird da genau von mir erwartet? Was habe ich eigentlich über den Glauben zu sagen? Und wie sage ich es so, dass mein Patenkind mich auch versteht?*

Und wie ist das mit den weltlichen Paten ganz ohne christliche »Aufgabenbeschreibung«? Nach unseren Beobachtungen verstehen auch viele weltliche Paten sich durchaus als geistig-philosophische Wegbegleiter ihrer Patenkinder in den großen Fragen des Lebens. An die Stelle der christlichen Erziehung tritt die Aufgabe, dem Patenkind allgemein humanistische Werte zu vermitteln. Auch hier also eine große Aufgabe, die so manchen Patenonkel und so manche Patentante nachdenklich stimmen kann: *Welche Werte will ich denn vermitteln? Was ist heute wichtig? Und wie mache ich mich meinem Patenkind verständlich, ohne aufgesetzt und lehrerhaft zu wirken?*

Beide – die Taufpatentante mit christlichem Hintergrund und der weltliche Patenonkel – wollen ihrem Patenkind etwas vermitteln, was ihm auf seinem Lebensweg Orientierung und Halt bietet. Sie wollen ihm das Beste aus ihren eigenen Erfahrungen und Überzeugungen mitgeben. Die Frage ist dann häufig nur: Was ist denn dieses »Beste«? Zur Beantwortung dieser Frage geben wir Ihnen keinen umfassenden Lehrplan vor, der Ihnen die notwendigen Themen einer guten christlichen Erziehung nennt. Auch einen fertigen Katalog aller heute wichtigen Werte, die Sie Ihrem Patenkind vermitteln sollten, werden Sie hier nicht finden. Stattdessen laden wir Sie ein, sich selbst darüber klar zu werden, was Sie an Ihr Patenkind weitergeben möchten. Ein hektischer Alltag lässt grundsätzliche Reflexionen oft zu kurz kommen. Begreifen Sie Ihr Patenamt also als willkommene Gelegenheit, sich endlich wieder einmal darauf zu besinnen, was wirklich zählt!

Was wirklich zählt ...

Christliche Taufpaten und Taufpatinnen, die ihr Patenkind an den Glauben heranführen wollen, können sich zum Beispiel folgende Fragen stellen:

- Was ist mir wichtig an meinem eigenen Glauben? Ist er für mich Lebenshilfe und Orientierung, eine allgemeine Kraft- und Sinnquelle, ziehe ich aus meinem Glauben Trost in schweren Zeiten, stehen Freude und Dankbarkeit für mein Leben/für die Schöpfung im Vordergrund?
- Erinnere ich mich, was mir mein Glaube als Kind oder

Jugendlicher bedeutet hat? Was habe ich damals gebetet? Gab es biblische Geschichten, die mir besonders wichtig waren, und warum waren sie das? Gibt es heute bestimmte biblische Texte oder Gebete, die mich besonders berühren?

- Wie hat sich mein Glaube im Lauf meines Lebens verändert? Gab es spezielle Schlüsselerlebnisse?
- Welche christlichen Werte bedeuten mir viel? Welche lebe ich ganz bewusst in meinem Alltag?
- Gibt es auch christliche Werte, die ich meinem Patenkind nicht vermitteln möchte?
- Was möchte ich meinem Patenkind von meinem Glauben vermitteln?

Weltliche Patinnen und Paten, die ihrem Patenkind die ihnen wichtigsten Werte mitgeben möchten, können sich beispielsweise diese Fragen stellen:

- Was brauche ich, um glücklich und zufrieden zu sein? Was braucht außerdem die Gesellschaft von mir?
- Gibt es Texte (Bücher, Gedichte, Aufsätze), die mir als eine Art »Lebensratgeber« gedient haben oder heute dienen? Welche Werte drücken sie aus?
- Wenn ich gemeinsam mit anderen auf einer bislang unbewohnten Insel eine neue Gesellschaft begründen würde, welche zehn Werte würde ich in dieser neuen Gesellschaft betonen?
- Wie bin ich zu meinem persönlichen Wertekanon gekommen? Durch meine Eltern, durch eigene Erfahrungen im Lauf meines Lebens, durch besonders einschnei-

dende Erlebnisse? In welchen Lebensabschnitten habe ich besonders intensiv über Werte, das gute Leben, Regeln des Zusammenlebens und so weiter nachgedacht? Haben sich meine Antworten auf die Frage nach dem Sinn des Lebens im Lauf meines Lebens verändert und inwiefern?

- Gibt es Werte, die ich explizit ablehne und über die ich mein Patenkind aufklären möchte?
- Welche Werte möchte ich meinem Patenkind vermitteln?

Wie nun aber sagen wir's unserem Patenkind?

Hier haben wir einige Anregungen für Sie gesammelt:

Vorleben statt Dozieren

Sie ahnen sicher bereits, dass Sie keine stundenlangen Moralpredigten und philosophischen Vorträge vorbereiten müssen (und auch gar nicht sollen), um sich Ihrem Patenkind mitzuteilen. Wenn Ihr Patenkind erwachsen oder fast erwachsen ist, wird es längere Gespräche mit Ihnen mit ausgemacht religiösen oder philosophischen Inhalten gelegentlich sehr schätzen. Jüngere Patenkinder überfordern Sie damit jedoch. Viel nachhaltiger bringen Sie Ihrem Patenkind Ihren Glauben und Ihre Werte nahe, wenn Sie versuchen, selbst entsprechend zu leben und Vorbild zu sein. Zeigen Sie bereits an der Art, wie Sie mit Ihrem Patenkind umgehen, was Ihnen am Zusammenleben der Menschen allgemein wichtig ist: Nehmen Sie sich genügend Zeit für das Kind, hören Sie ihm zu, seien Sie ihm gegenüber ehrlich und zuverlässig ... oder was immer Sie Ihrem Patenkind vermitteln möchten. Nehmen Sie gemeinsame Erlebnisse mit Ihrem Patenkind zum gegebenen Anlass, Ihre (Glaubens-)Überzeugungen anzusprechen und zu erklären.

Miteinander reden

Damit Sie Ihrem Patenkind Ihren Glauben oder Ihre Werte nahebringen können, müssen Sie beide allgemein eine gute Gesprächskultur entwickeln und pflegen. Nehmen Sie sich bei Ihren Besuchen also ausreichend Zeit für Ihr Patenkind und berechnen Sie bei selteneren Besuchen eine Phase des Warmwerdens mit ein. Lassen Sie sich zum Beispiel das Kinderzimmer zeigen, spielen Sie das Lieblingsspiel mit Ihrem Patenkind, greifen Sie Spielideen des Kindes auf. So kommen Sie leichter ins Gespräch.

Suchen Sie bewusst das Gespräch direkt mit Ihrem Patenkind, anstatt nur mit seinen Eltern *über* das Kind zu sprechen. Fragen Sie das Kind etwa nach seinen alltäglichen Erlebnissen, zum Beispiel: »Wer sind denn deine besten Freunde und warum? Was war heute dein schönstes Erlebnis und warum? Was ist dein Lieblingsspiel?« Und lassen auch Sie Ihr Patenkind an Ihren Erlebnissen teilhaben.

Der »inneren Stimme« zuhören

Erklären Sie Ihrem Patenkind Ihr Handeln bei Entscheidungen, die Sie treffen. Erläutern Sie, was Sie dabei in Ihrem Inneren gegeneinander abgewogen haben und warum

Sie schließlich zu diesem Ergebnis gelangt sind. Geben Sie auch Ihrem Patenkind Gelegenheiten zum eigenen Entscheiden und fragen Sie dabei nach seinen Beweggründen: »Warum willst du das jetzt so machen? Was ist dir daran wichtig?«

Wenn Sie eine christliche Taufpatin oder ein christlicher Taufpate sind, kennen Sie ohnehin eine besonders schöne Form der Reflexion der eigenen Alltagserlebnisse: das Gebet. Wenn Ihr Patenkind Sie einmal über das Wochenende besucht, sprechen Sie mit ihm beim Zubettbringen gemeinsam das Abendgebet. Im Gespräch mit Gott lernt das Kind, sich zu sammeln und seinen Tag zu reflektieren. Es kann sich zum Beispiel überlegen, wofür es heute Gott dankbar sein konnte oder wofür es Gott um Hilfe bitten möchte.

Natürlich können Sie auch als »weltliche« Patin oder Pate abends gemeinsam mit Ihrem Patenkind den Tag Revue passieren lassen: Was hat das Kind heute alles erlebt? Was war schön, was war schwierig, welche Menschen hat Ihr Patenkind an diesem Tag getroffen?

Auf Fragen des Kindes eingehen

In den Lebensphasen ab dem Kindergartenalter sind Kinder ganz von selbst phasenweise intensiv auf der Suche nach Antworten, Erklärungen und Sinn. Wieso, weshalb, warum – das sind dann die liebsten Fragen. Das ist gut so, denn Kinder entdecken durch Fragen die Welt. Häufig werden die Warum-Fragen der Kinder nur mit Aussagesätzen beantwortet: »So ist das eben.« Die Warum-Frage fordert aber eine Begründung. Benutzen Sie bei solchen

Antworten also so oft wie möglich das Wörtchen »weil« und geben Sie Ihrem Patenkind eine Begründung. Das ist oft gar nicht so leicht, da wir Erwachsenen viele Dinge im Alltagsleben mittlerweile als selbstverständlich hinnehmen. Probieren Sie es einfach aus: Sie werden staunen, auf wie viele Fragen wir nicht ohne Weiteres begründete Antworten haben. Bei einigen Fragen ist es sicher möglich, Ihrem Patenkind mit einer einfachen Antwort weiterzuhelfen. Bei anderen Fragen lohnt es sich dagegen, sich ruhig auch gemeinsam auf die Suche nach der Antwort zu begeben und zu zweit weiterzufragen.

Und was noch?

Darüber hinaus können Sie sich natürlich einer ganzen Reihe von vorgefertigten Medien bedienen, um mit Ihrem Patenkind über Ihren christlichen Glauben oder Ihre Werte ins Gespräch zu kommen. Dazu bieten sich zuallererst Bilderbücher und später Kinder- und Jugendbücher an, die ein bestimmtes Thema behandeln. Vielleicht kennen Sie in Ihrer Nähe eine Buchhandlung oder eine öffentliche Bibliothek mit einem größeren Kinder- und Jugendbuchsortiment. Oft gibt es auch spezielle Kinderbuchläden, in denen die Buchhändler die meisten Kinderbücher selbst gelesen haben. Es lohnt sich, sich von einer guten Buchhändlerin oder einem guten Buchhändler beraten zu lassen.

Ihr Patenkind liebt Puppenbühnen? – Wenn Sie bei Ihrem nächsten Besuch ein kleines Puppentheaterstück aufführen, können Sie auch damit (biblische oder weltliche) Geschichten erzählen.

Ihr Patenkind malt gerne? Dann bietet sich ein gemeinsames Malstündchen an. Sie schlagen ein Thema vor: »Wir malen jetzt, was uns alles glücklich macht« – und schon geht's los. Wenn Ihr Patenkind nicht gerne mit Farben hantiert, können Sie es vielleicht zum Basteln einer Collage aus Zeitschriftenausschnitten begeistern.

Konflikte und Erziehung

Sie haben einen Konflikt mit Ihrem Patenkind? Das ist gut! Nein, selbstverständlich wollen wir Sie nicht zum Streiten auffordern. Aber Konflikte sind ein Zeichen dafür, dass eine aktive soziale Beziehung besteht, die beiden Seiten wertvoll ist, denn wenn das nicht der Fall wäre, könnten beide Seiten einfach den Kontakt reduzieren oder abbrechen und füreinander zunehmend bedeutungslos werden.

Daher wollen wir Sie anregen, Konflikte mit Ihrem Patenkind und seinen Eltern als Chance zu verstehen. Konflikte können nämlich durchaus eine Möglichkeit für die betroffenen Menschen sein, Veränderungen in der Beziehung herbeizuführen, Neues und Besseres zu schaffen und sich gegenseitig mit seinen jeweiligen Bedürfnissen ernst zu nehmen.

Traditionell ist das Patenamt eng verbunden mit einem Erziehungsauftrag: die Erziehung zum Glauben. Auch wenn bei vielen Patenschaften die religiöse Erziehung heute nicht mehr im Vordergrund steht, so tauchen doch häufig Fragen der allgemeinen Erziehung auf. Wir werden daher im Folgenden insbesondere solche Konflikte betrachten, die auftauchen, wenn Paten und Eltern unterschiedliche Vorstellungen über Erziehung haben. Wie kann mit diesen Konflikten umgegangen werden? Zunächst muss man sich allerdings erst einmal fragen, was ein Konflikt denn genau ist und – noch wichtiger – was eine gute Konfliktlösung ist.

Ein Konflikt ist eine wahrgenommene Unvereinbarkeit von Zielen und Interessen zweier (oder mehrerer) Menschen. Wichtig ist hier, dass es sich um eine *wahrgenommene* Unvereinbarkeit handelt. Häufig liegen Konflikten nämlich Missverständnisse zugrunde, das heißt, die Interessen zweier Menschen mögen sich gar nicht wirklich unterscheiden, werden aber dennoch als unterschiedlich wahrgenommen.

Dieser Aspekt der Wahrnehmung ist zentral für die Lösung von Konflikten. Dabei kommt es zunächst darauf an, festzustellen, ob das Gegenüber auch einen Konflikt wahrnimmt. Die Voraussetzung für die Lösung des Konfliktes ist, dass ihn beide Seiten wahrnehmen und beide ihn ausräumen wollen. Wenn das der Fall ist, sollten beide Seiten versuchen, die jeweils andere Wahrnehmung zu verstehen und nachzuvollziehen.

Aber nun zu den verschiedenen Konflikten, die zwischen Paten, Patenkindern und deren Eltern auftreten können. Beginnen wir mit den Konflikten zwischen Eltern und Paten.

Konflikte zwischen Eltern und Paten: Inwieweit dürfen Paten sich in die Erziehung einmischen?

Wenn wir über Patenschaften reden, ist nicht nur das Verhältnis der Paten zum Patenkind von Interesse, sondern wir müssen immer auch das Verhältnis der Paten zu den Eltern des Kindes in den Blick nehmen. Mögliche Konflikte zwischen Eltern und Paten sind relevant, da es –

zumindest solange das Kind noch klein ist – für die Patentante oder den Patenonkel schwierig ist, eine gute Beziehung zum Patenkind aufzubauen und zu pflegen, wenn die Eltern dies nicht beide wünschen.

Besonders konfliktträchtig ist in der Beziehung zwischen Paten und Eltern die Frage, ob Paten sich in die Erziehung einmischen dürfen, wenn sie mit den elterlichen Vorstellungen von Erziehung nicht übereinstimmen.

Die Antwort ist nicht leicht. Erziehung ist eine anspruchsvolle und schwierige Aufgabe. Im Leben mit Kindern tauchen andauernd überraschende Herausforderungen auf, mit denen Eltern umgehen müssen. Dabei können sie leicht einmal überfordert sein. Oder sie experimentieren mit verschiedenen Umgangsweisen, da sie nicht immer von vornherein »den besten Weg« kennen. Was Eltern dabei sicher nicht brauchen können, ist ein besserwisserischer Pate, der ab und zu auf wenige Stunden hereinschneit und gute Ratschläge gibt. Gleichzeitig sollte der Pate aber selbstverständlich seine Meinung äußern können. Insbesondere natürlich dann, wenn sich das Kind an ihn wendet und um Vermittlung bittet.

Es kommt entscheidend auf die Art und Weise an, wie sich Paten einmischen. Wer als Pate einige wenige Regeln bei der Form des Kritisierens beachtet, kann sich fast zu jeder Frage der Erziehung äußern und die Eltern werden es nicht als Zumutung, sondern vielmehr als bereichernd und unterstützend wahrnehmen.

Dabei sind folgende drei Punkte zu beachten:

Erst loben, dann kritisieren!

Benennen Sie zunächst positive, dann erst negative Punkte. Erkennen Sie zunächst die schwierige Aufgabe der Erziehung an. Besinnen Sie sich, was Sie am Umgang der Eltern mit ihrem Kind wertschätzen, und äußern Sie es. Wenn die Eltern spüren, dass Sie ihren Erziehungsstil respektieren, werden sie leichter die Kritik und gegebenenfalls Änderungsvorschläge annehmen können. Erst dann sollten Sie anbringen, was Sie an der Erziehung nicht angemessen finden.

Kritik muss konkret sein!

Kritisieren Sie nicht pauschal, sondern anhand konkreter Beispiele. Mit einer allgemeinen Kritik (wie etwa: »*So geht man nicht mit Kindern um*« oder: »*Du bist immer so aufbrausend*«) drängt man eine Person in die Verteidigungshaltung, weil die gesamte Person oder die gesamte Erziehung infrage gestellt wird. Sie sollten Ihre Anmerkung so spezifisch wie möglich formulieren, damit die Eltern auch genau wissen, womit Sie nicht übereinstimmen und was aus Ihrer Sicht geändert werden sollte. Statt zu sagen »*Du schreist immer so laut herum*«, könnte eine konkrete Rückmeldung zum Beispiel so lauten: »*Ich finde, du hast Paula heute Abend beim Ins-Bett-Bringen ganz schön angeschrien.*«

Kritik muss konstruktiv sein

Bleiben Sie nicht bei der Kritik stehen, sondern machen Sie konkrete Lösungs- und Verbesserungsvorschläge. Wenn Sie Handlungsmöglichkeiten aufzeigen, bleibt die Diskussion nicht bei der müßigen Frage, warum die Eltern etwas falsch machen. Stattdessen rückt die gemeinsame Suche nach alternativen Umgangsweisen in den Vordergrund. Das obige Beispiel könnte dann vielleicht so weitergeführt werden: »*Ich denke, Paula würde sich leichter daran gewöhnen, immer genau zu dieser Zeit ins Bett zu gehen, wenn ihr ihr den Grund dafür erklären würdet und wenn ihr sie immer schon eine Stunde vorher daran erinnern würdet, dass sie sich langsam darauf einstellen soll, bald schlafen zu gehen.*« An einen so konkreten Verbesserungsvorschlag können Eltern anknüpfen und es kann sich eine gleichberechtigte Diskussion über Erziehung und über Lösungsmöglichkeiten entwickeln.

Wenn nun die konstruktive Rückmeldung an die Eltern nicht funktioniert oder es aus ganz anderen Gründen doch einmal zu einem Konflikt kommt, sollte die Lösung nicht dem Zufall überlassen werden, sondern aktiv angegangen werden.

Ein häufig auftretender Konflikt entsteht zum Beispiel dann, wenn der Pate oder die Patin nur Wunschkandidat des einen Elternteils war. Wenn also die beste Freundin der Mutter Patin geworden ist, kann es sein, dass die Mutter sich eine besonders große Nähe der Patin zur Familie wünscht oder eine aktive Anteilnahme an der Erziehung des Kindes gerne akzeptiert. Der Vater kann die Verbindung gleichzeitig aber als zu eng empfinden und sich mehr Zeit allein mit der Kernfamilie wünschen. Solche Empfindungen werden sich auch auf die Stimmung zwischen Patin und Mutter und auch auf das Patenkind auswirken und sollten direkt angesprochen werden.

Zur Vorbereitung eines Lösungsgesprächs mit den Eltern ist das Nachdenken über folgende Fragen hilfreich:

- Was ist das Ziel des Gesprächs? Möchten Sie nur »mal darüber reden«, sich vielleicht den Frust von der Seele reden? Oder haben Sie konkrete Erwartungen an das Gegenüber, etwa ein verändertes Verhalten nach dem Gespräch? Was können Sie selbst zu einer Veränderung beitragen?
- Mit was für einer Person haben Sie es zu tun? Welche Bedürfnisse, Ängste und Wünsche nehmen Sie bei Ihrem Gegenüber wahr und wie können Sie sie berücksichtigen? Können Sie ihr an irgendeinem Punkt entgegenkommen und so die Lösung des Konfliktes vereinfachen? Versuchen Sie, die Gefühlslage des anderen so gut wie möglich zu verstehen.
- Was sollten die Rahmenbedingungen für das Gespräch sein? Möchten Sie mit beiden Elternteilen reden oder nur mit der Ihnen näher stehenden Person? Sollte das Patenkind dabei sein? Genügt ein Anruf oder sollten Sie sich Zeit nehmen und sich in Ruhe zusammensetzen?

Sagen Sie zu Beginn eines klärenden Gespräches ruhig noch einmal, dass Sie den Konflikt gerne lösen möchten, da Ihnen sehr an der Beziehung zu den Eltern und zu dem Patenkind gelegen ist. Damit können Sie gleich zu Anfang signalisieren, dass Sie nicht boshaft streiten wollen, sondern die Beziehung wieder ins Lot rücken möchten.

Konflikte zwischen Paten und Kind

Konflikte gibt es natürlich auch zwischen Paten und Patenkindern. Ihr Patenkind ist zum Beispiel sauer auf Sie, weil Sie wieder kurzfristig einen Besuch absagen mussten. Sie sind total genervt, weil Ihr Patenkind Ihnen bei dem so liebevoll geplanten »Patenwochenende« zwei Tage nur auf der Nase herumgetanzt ist und ihre Ausflugsideen absolut öde fand … Noch einmal: Konflikte sind nicht nur negativ zu sehen, sondern können auch als Chance verstanden werden und Ausdruck für eine aktive und lebendige Beziehung sein.

Für die Konfliktlösung gilt im Grunde dasselbe, wie bei der Konfliktlösung mit den Eltern. Allerdings liegt hier – allein schon wegen des Alters des Kindes – eine besondere Verantwortung bei den Paten. Wenn Konflikte auftreten, sollten Sie sich bemühen, wieder den ersten Schritt auf das Kind zuzumachen.

Um diesen Schritt machen zu können, sollten Sie zunächst das Problem durchschauen: Woher kommen die Unstimmigkeiten denn eigentlich? Im Folgenden nennen wir mögliche Anlässe für Konflikte: unterschiedliche Ansichten und Absichten sowie verletzte Gefühle.

Konflikte durch unterschiedliche Ansichten

»Die Gedanken sind frei« – jeder Mensch hat das Recht auf eigene Ansichten. Die eigenen Ansichten kommen aber nicht allein aus der einzelnen Person, sondern entstehen durch die mehr oder weniger bewusste Anbindung an andere Menschen und Gruppen. So werden Meinungen vertreten, die etwa zu einer Partei oder einer Kirche gehören, aber auch Ideengut einer Familie oder einer Clique aus der Schule.

Sich dieses Entstehen von Ansichten bewusst zu machen hilft, Konflikte über Ansichten zu verstehen und aufzuklären. Zum einen können Paten versuchen nachzuvollziehen, woher die Ansichten ihres Patenkindes stammen. Es lässt sich dann zwischen Person und Ansicht unterscheiden. Wenn in einem Punkt die Ansicht des Paten und des Patenkindes nicht übereinstimmen, so mag es doch Übereinstimmung bei anderen Dingen geben. Außerdem sollte man sich bewusst machen, dass man in dem Versuch, jemanden von seiner Ansicht abzubringen, nicht alleine gegen ihn anredet, sondern gegen die Ansichten einer Familie, einer Tradition oder einer gesellschaftlichen Strömung.

Zum anderen kann sich jeder selbst bewusst machen, dass auch die eigenen Ansichten im Austausch mit anderen Gruppen geprägt wurden und ebenso von anderen Gruppen nicht geteilt werden. Auf diese Weise kann man sich daran erinnern, dass auch die eigene Sichtweise der Dinge nicht unhinterfragbar ist. Gestehen Sie Ihrem Patenkind auch das Recht zu, Ihre Ansichten nicht zu teilen. Natürlich gibt es Grenzen: Paten oder Patinnen empfinden eine gewisse erzieherische Verantwortung gegenüber dem Patenkind. Daher ist es nicht immer möglich, eine Sichtweise des Patenkindes einfach so zu akzeptieren. Insbesondere dann nicht, wenn das für das Kind selbst unerwünschte Konsequenzen haben könnte. Im Umgang mit einem Konflikt zwischen gegensätzlichen Ansichten hilft es, folgende Fälle zu unterscheiden: Beruht Ihre Ablehnung einer Ansicht des Patenkindes einfach darauf, dass sie Ihrer eigenen Ansicht widerspricht? In vielen Fällen können Sie dann zwar Überzeugungsarbeit leisten, sollten die andere Sichtweise aber akzeptieren. Oder kann eine Konsequenz der Ansicht Ihres Patenkindes – etwa über ungesundes oder riskantes Verhalten – dem Kind selbst schaden? In diesem Fall ist Ihre Fürsorgepflicht wichtiger. Hier sollten Sie Ihr Patenkind nachdrücklich auf die Konsequenzen aufmerksam machen und gegebenenfalls auch die Eltern einbeziehen.

Konflikte durch unterschiedliche Absichten

»Nein, ich will aber nicht!« Eine große Anzahl von Konflikten lässt sich wohl darauf zurückführen: Du willst nicht das, was ich will. Dieser einfache Widerspruch zwischen Bedürfnissen und Wünschen zweier Menschen kann zu heftigen Auseinandersetzungen führen. Etwas nicht zu bekommen, das man gerne möchte, oder etwas tun zu müssen, das man nicht will, verursacht Frust, und der entlädt sich in einer Meinungsverschiedenheit.

Für das Kind sind häufig die begleitenden Gefühle der Machtlosigkeit, das Gefühl, ungerecht behandelt zu werden, hilflos zu sein oder nicht ernst genommen zu werden, viel bedrückender als nur der Umstand, auf das angestrebte Ziel verzichten zu müssen.

Sicher können und sollten Sie deshalb Ihrem Patenkind nicht jeden Wunsch erfüllen. Sie sollten aber versuchen, ihm dieses Gefühl der Machtlosigkeit möglichst zu ersparen. Sie können viel dafür tun, wenn Sie Ihr »Nein« ersetzen durch ein »Nein, weil …«, also die Begründung Ihres

Widerstandes gegen die Wünsche Ihres Patenkindes erläutern. Wenn Sie eine abweichende Absicht erklären, nehmen Sie Ihr Gegenüber ernst. Das Patenkind mag dann dennoch Ihre Absicht ablehnen, aber es weiß, dass Sie immerhin gute Gründe dafür haben.

Natürlich ist das häufig leichter gesagt als getan. Gerade bei Erziehungsfragen übernehmen wir oft Annahmen, die wir selbst nie recht hinterfragen. Versuchen Sie doch einmal, sich die Begründungen klar zu machen, …

- … warum ein Kind zu einer bestimmten Zeit ins Bett muss, auch wenn es noch nicht müde ist?
- … warum ein Kind nicht noch das dritte Mal Karussell fahren oder das zweite Eis essen darf, obwohl es das gerne täte und genau weiß, dass Sie genug Geld dafür hätten?
- … wieso es sich denn eigentlich nicht die Hose schmutzig machen darf, obwohl es doch Waschmaschinen gibt?
- … warum das Kind Messer und Gabel so halten soll, wie Sie es sagen?

Konflikte durch verletzte Gefühle

Der Umgang mit ungleichen Ansichten und Absichten fällt noch vergleichsweise leicht, denn hier handelt es sich um den rationalen Aspekt von Konflikten. Dieser ist oft vernünftig lösbar, etwa indem die eigenen Ansichten und Absichten offengelegt und mit denen des Gegenübers abgestimmt werden.

Wenn der Konflikt stärker durch Gefühle geprägt ist, kann es leicht zu einem Streit kommen, ohne dass ein sichtbarer Auslöser vorliegt. Hier ist es bedeutend schwieriger, den Problemen auf den Grund zu gehen. Eine Lösung hängt dann davon ab, wie gut es gelingt, die negativen Gefühle der Konfliktpartner einzugestehen. Einfühlungsvermögen, Vertrauen und Geduld sind dann meist wirksamer als Diskussionen über Ansichten und Absichten.

Konflikte zwischen Eltern und Kind: Der Pate als Konfliktvermittler

Insbesondere für Ihr Patenkind kann es zu bestimmten Zeiten sehr wichtig sein, einen »Vermittler« in Ihnen zu haben. Es gibt immer wieder Phasen – nicht nur während der Pubertät –, in denen Konflikte zwischen Eltern und Kind gehäuft auftreten und das Zusammenleben neu ausgehandelt werden muss. Kinder fühlen sich dann von den Eltern nicht verstanden oder ungerecht behandelt. Sie verfügen aber meist nicht über die Erfahrungen und Strategien, um ihre Bedürfnisse konstruktiv zum Ausdruck zu bringen (Erwachsene übrigens auch nicht immer). Eine nahe Person, der sowohl die Eltern als auch das Kind vertrauen, kann dabei sehr wertvoll sein.

Der Pate als Konfliktvermittler? Diese Rolle fällt vielen nicht leicht, weil sie fürchten, dadurch selbst mit hineingezogen zu werden. Der Pate muss sich also zunächst klar werden, ob er in einem Konflikt selbst Stellung beziehen will oder ob er eine Vermittlerrolle einnehmen kann. In der Vermittlerrolle kann der Pate seine vertraute und dennoch distanzierte Position nutzen, um beide Seiten zu verstehen und zum gegenseitigen Nachvollziehen der Positionen beizutragen. Um zu vermitteln, beachten Sie folgende Schritte:

- Stellen Sie zuerst fest, ob es angebracht ist, dass Sie im Konflikt vermitteln. Sind beide Parteien, Eltern und Kind, damit einverstanden?
- Schaffen Sie dann einen geeigneten Rahmen für die Vermittlung. Am besten ist es, sich mit Eltern und Kind zusammenzusetzen. Gegebenenfalls können Sie aber auch einzelne Gespräche mit Eltern oder Patenkind führen.
- Räumen Sie zunächst Missverständnisse aus. Versuchen Sie, gemeinsam mit Eltern und Kind zu verstehen, was beide als Konflikt wahrnehmen. Lassen Sie beide Seiten die jeweils eigene Bedeutung und Sichtweise zum Thema darstellen. Dadurch gewinnen beide Klarheit über das eigene zugrunde liegende Interesse. Gleichzeitig erfahren sie auch die Interessen und Bedürfnisse des anderen. Handelt es sich zum Beispiel um ein inhaltliches Problem (etwa was das Kind darf oder nicht) oder ist es eher ein Beziehungskonflikt und beruht etwa auf einer Enttäuschung oder Verletzung? Manchmal genügt es schon, dass sich Eltern und Kind einmal geduldig gegenseitig zuhören.
- Entwickeln Sie gemeinsam mit Eltern und Kind Lösungsideen. Es ist wichtig, dass sowohl Eltern als auch Kinder an der Entwicklung der Lösungsideen beteiligt sind. Dann akzeptieren sie hinterher die Lösung besser.
- Formulieren Sie abschließend die gefundene Lösung

noch einmal klar, sodass es nicht auch hier wieder zu Missverständnissen kommt. Eine Konfliktlösung ist in der Regel nicht »richtig« oder »falsch«, sondern dann gut, wenn die Beteiligten sie akzeptieren, als fair empfinden und sie den gemeinsamen Umgang mit dem Problem ermöglicht.

5

Patenschaften – die Gemeinschaften der Zukunft

»Um ein Kind großzuziehen, braucht es ein ganzes Dorf« – so besagt es ein afrikanisches Sprichwort. Gemeint ist hier die traditionelle Gemeinschaft eines Dorfes. Hierzulande gibt es diese funktionierenden Gemeinschaften kaum noch. Mit der Abwendung von kirchlichen Traditionen verliert auch die Form der kirchlichen Gemeinde nach und nach an Bedeutung. Wenn aber an dem afrikanischen Sprichwort etwas Wahres dran ist, dann benötigen Kinder – aber sicher auch Erwachsene – weiterhin Gemeinschaften. Lebendige und vielfältige Patenschaften können einen Beitrag zu den Gemeinschaften der Zukunft leisten. Unser Buch will Anregungen geben, wie wir neue Formen der Patenschaft für unsere Kinder finden können, um Gemeinschaften dort neu zu stiften, wo traditionelle Strukturen sich überlebt haben.

Das Patenamt erklärt sich heute nicht mehr von selbst. Wer zur Patin oder zum Paten ausgewählt wurde, empfindet deshalb häufig Freude, er sieht sich aber auch mit vielen offenen Fragen konfrontiert, was die Aufgaben seines neuen Amtes betrifft. Auf der Suche nach neuen Formen von Gemeinschaft scheint das Patenamt für die heutige

Generation junger Eltern aber wieder an Attraktivität zu gewinnen. Das vormals exklusiv christliche Patenamt wird zunehmend auch von Eltern gewünscht, die ihr Kind nicht taufen lassen. Und auch die Zahl besonders lebendiger Beziehungen zwischen Paten und Patenkindern und deren Familien nimmt heute zu.

Deshalb war viel die Rede von den großen Chancen, die wir in der sozialen Funktion des Paten oder der Patin gerade unter den heutigen Lebensbedingungen sehen. Wir wollen Paten, aber auch Eltern, die Paten für ihr Kind auswählen, mit unserem Buch ermutigen, diese Chancen für sich zu nutzen – gleich, ob Sie nun Ihr christlich verstandenes Taufpatenamt mit neuem Leben füllen oder eine weltliche Form der Patenschaft neu entwickeln.

Das Modell »Patenschaft« lässt sich weiterdenken: Bereits heute gibt es Ansätze, die über die in unserem Buch beschriebenen innerfamiliären Formen von Patenschaften hinausgehen. Hier sind etwa die sogenannten »Familienpatenschaften« zu nennen, bei der – vermittelt über soziale Einrichtungen – Familien Patenschaften für andere Kinder in ihrer Stadt übernehmen, deren Eltern krank sind und zeitweise nicht selbst für ihre Kinder sorgen können. Sie halten regelmäßig Kontakt zu den Kindern und bei Bedarf nehmen sie sie auch für längere Zeiträume in ihr Haus auf. Ähnliche intensive Patenschaften gibt es für so unterschiedliche Zielgruppen wie zum Beispiel für Jugendliche, die einen Ausbildungsplatz suchen, für Kinder von psychisch erkrankten Eltern oder für Flüchtlinge. Allen diesen Projekten ist gemein, dass dabei Menschen bereit sind, ehrenamtlich für andere Menschen in schwierigen Lebenslagen längerfristig, verbindlich und mit ihrer ganzen Person da zu sein; ganz ähnlich also wie die Patentante oder der Patenonkel, von denen unser Buch handelt.

Auch in unserer Gegenwart, in der der Verlust von Gemeinschaften und Verbindlichkeit beklagt wird, beginnt sich also ein neues Netz von Patenschaften zu spinnen.

Sind Sie ein Knotenpunkt in diesem Netz?

Quellen

Kapitel 1:

S. 15:

Puzo, Mario (1969). Der Pate. Reinbek bei Hamburg (S. 9).

S. 21 ff.:

Noelle-Neumann, E., Köcher, R.(Hrsg.) (2002). Allensbacher Jahrbuch der Demoskopie 1998–2002. Allensbach am Bodensee.
Evangelische Kirche in Deutschland (2014). Engagement und Indifferenz. Kirchenmitgliedschaft als soziale Praxis. V. EKD-Erhebung über Kirchenmitgliedschaft (S. 89). Online: http://www.ekd.de/download/ekd_v_kmu2014.pdf
taz – Die Tageszeitung (2014). »Die Kirche ist manchmal schwer zu ertragen«. Bischof Reinhard Marx über Sexualmoral und Antikapitalismus. 15./16. Februar 2014 (S. 7).
Deutsche Bischofskonferenz (2013). Katholische Kirche in Deutschland: Zahlen und Fakten 2012/13. Arbeitshilfen 263 (S. 14).

Evangelische Kirche in Deutschland (2014). Zahlen und Fakten zum kirchlichen Leben 2013 (S. 12).
fowid – Forschungsgruppe Weltanschauungen in Deutschland (2011). Kirchliches Leben Entwicklung 1990–2010 katholische und evangelische Kirche. Online: http://fowid.de/fileadmin/datenarchiv/Kirchliches_Leben/Glaube_Entwicklung_evang_kath.pdf
Noelle-Neumann, Köcher (2002), s.o.

Kapitel 2:

S. 43:
Kirchenkanzlei der Evangelischen Kirche der Union (Hrsg.) (2000). Taufbuch: Agende für die Evangelische Kirche der Union. Bielefeld, Luther Verlag (S. 21).

S. 41 f.:
Leitlinien kirchlichen Lebens der Vereinigten Evangelisch-Lutherischen Kirche Deutschlands – Kirchliche Lebensordnung, Juli 2001 (http://www.velkd.de).

S. 49 f.:
Interessenvereinigung Jugendweihe Landesverband Thüringen e.V. Online: http://www.jugendweihe-thueringen.com/index.php/unser-verein/namensgebung

S. 50 f.:
Union progressiver Juden in Deutschland e.V. Online: http://www.liberale-juden.de

Kapitel 3:

S. 74:

Antoine de Saint-Exupéry (1983): Der kleine Prinz, Düsseldorf.

S. 92 f.:

Zahl der Taufen der Evangelischen Kirche in Deutschland 2013 insgesamt 193.253, davon Erwachsenentaufen (ab 14 Jahren): 19.057. Nach: »Zahlen und Fakten zum kirchlichen Leben 2013«, Hrsg.: Kirchenamt der EKD, Online: http://www.ekd.de/Statistik. Zahl der Taufen der Katholischen Kirche Deutschland 2013 insgesamt 167.505, davon Erwachsenentaufen (ab 14 Jahren): 2.976. Nach: »Katholische Kirche in Deutschland. Zahlen und Fakten 2012/13«, Hrsg.: Sekretariat der Deutschen Bischofskonferenz, Online: http://www.dbk.de.

Katholische Kirchengemeinde St. Nikolaus, Münster, Online: http://www.st-nikolaus-muenster.de/abisz.html